【増補改訂版】最後の将軍徳川慶喜の苦悩

松原隆文

湘南社

目次

増補改訂版　はしがき

早いもので初版を発行してあっという間に二年ほど経過した。お蔭様で、読んで下さった方々からは概ねお褒めの言葉を頂き、とても嬉しくまた安堵もしている。敬愛する呉東弁護士には重大なミス（年号）を指摘していただき、改訂版を是非出すよう薦められた。また兄には、（常人ならまず気づかないような）文章の不都合や字句の間違いを何箇所も指摘された。さすが兄と感心したものである。

感激したのは、徳川慶喜研究で有名な河合重子女史より、お褒めの手紙を頂いたことである。これは棺に持ち込みたい！

増補改訂の理由は字句等の間違いを正すこともその一つだが、更には大政奉還以降の記述が何か物足りなかったからである。出版して少し経ってその思いが涌いてきた。

また徳川慶喜の俗評を決定的に悪くしている大坂城脱出についても、初版ではあまり詳しく論じなかった。慶喜公に、「下手な言い訳はよせ」と叱られそうな気がしたので、控えめに記したからだ。ただ、今思うと、慶喜公に成り代わって客観的な事実をもっと述べても良いのではないか、と悔やんでいる。

今年の大河ドラマは渋沢栄一だそうだ。筆者はＮＨＫの大河ドラマを全く見ない。あまりにも事実とかけ離れたことを平然と歴史ドラマとして制作しているので、あまり愉快な気持ちになれないからだ。ＮＨＫには番組の終わりに「このドラマはフィクションで、事実とは無関係です」と是非、但し書きをしてもらいたいものである。更に言えば、多額な放送受信料を投入して史実とかけ離れたドラマを作る意味がどれ程あるのだろうか？

ただ幸いなことに、時代劇では概してイメージが良くない徳川慶喜ではあるが、渋沢主演のドラマではあまり慶喜公を悪く描くことは出来ないだろう。渋沢が世に出るきっかけを作ったのが慶喜だし、渋沢は生涯慶喜を尊敬していた。徳川慶喜公伝を編集したのも渋沢である。だから勢い慶喜は善玉とせざるを得まい（本当は筆者にとってそんなことはどうでも良いのだが）。そのブームに便乗するわけではないが、増補改訂版を出版するには丁度良いタイミングでもある。

以上から、第九章（補章）と題して、大政奉還から鳥羽伏見の敗戦までについて書き足りなかったことを補完してみることにした。

まず初めに、初版の字句及び表現の訂正等をここで指摘しておくことにする。増補改訂版の文中でも勿論訂正してある。また、月日の表示が不統一なので、例えば十二月を一二月という表記に統一しておきたい。

訂正表

初版本の箇所	誤または不適切	正及び適切
帯及び一一頁	**慶応三年四月十一日**	**慶応四年四月一一日**
（このミスが最も重大かつ深刻である）		
四三頁	遣英留学生	遣英留学生
五二頁	慶応元年十月	慶応元年九月
五八頁	幕府が何ら主体性を欠き	幕府が全く主体性を欠き
七二頁	従軍を行う	従軍を行なう
八四頁	宣言と、勅許取得は	宣言と勅許取得は、
一〇八頁	衆知	周知
一三二頁～一三四頁	公義（三カ所）	公議
一五四頁	長州兵千二百名	長州藩兵千二百名
一七九頁	出来たのではなかろうか。。	出来たのではなかろうか。
一八二頁	横須賀港は	横須賀港には
二一〇頁	切り死に	斬り死に

二一七頁　騎馬　乗馬
二三一頁　『幕末悲運のびと』　『幕末悲運の人びと』
二三七頁　（東京大学出版社）　（東京大学出版會）

他に間違いではないが、表現が適切でなかったりする部分があり、これらを改めたい。

①　九二頁　「長年の海軍国であった英国の」という表現は何かちぐはぐなので、「数世紀に亘り世界最強の海軍国として七つの海に君臨した大英帝国の」と改める。

②　一〇八頁　単に「永井」とあるのを、「当時の慶喜の最側近で若年寄格の永井尚志」と改めたい。

③　二〇六頁　「埒があかず」を、「埒が明かず」と改めたい。

序論

大政奉還した将軍慶喜は、新たな政治体制を模索していた。フランス留学から帰国した西周等に命じてルイ・ナポレオンの大統領制をモデルにした立憲君主制を研究させ、自らはその首長に収まることが目標であった。

大政奉還をしてしまえば古い幕府はもう存在しない。考えによってはフリーなスタンスで新体制を築くチャンスでもあった。要するに、大政奉還したあとも日本の行政を把握しているのは慶喜政権である。「返す」と言ったからすぐ行政権を投げ出す訳ではなく、返された方も行政能力がある訳ではないからである。つまり慶喜は、自己を中心とした新たな統治機構を創設するまでこの状況を守りきれば良かったのである。

後年、慶喜の閣老であった板倉勝静が、「上様は土佐藩に迫られてよんどころなく大政奉還をしたのではなく、たまたま土佐藩の建白があったのを好機にして、平生十分に引き絞っておいた強弓を放ったのだ」と述懐している。しかし、この大政奉還に対する期待と思惑は、慶喜側と反対勢力とでは真逆であった。

薩摩藩を中心とする反対勢力は、このままでは近代化の主導権は慶喜側に持って行かれてしまうということが、時間が経てば経つほど分かってきたのであろう。そこで反対勢力が打った手が、いわゆる王政復古のクーデターであった。

本書は、慶喜が徳川本家を相続した慶応二年八月前後から、彼が歴史の表舞台から姿を消す慶応四年四月一一日までのほぼ一年八ヶ月ほどの激動の日々を記すものである。

年代表記については悩んだが、やはり年号で表示することにした。

読んで頂く初めに、西暦との対比を示しておきたい。

文久三年　西暦一八六三年
元治元年　西暦一八六四年
慶応元年　西暦一八六五年
慶応二年　西暦一八六六年
慶応三年　西暦一八六七年
慶応四年・明治元年　西暦一八六八年

御縁有ってこの拙書を読んで下さる方へ

（一）この拙書は序論、第一章から第八章まで、そして執筆後記及び参考文献等から成り立っております。第一章から第八章は一応年代順に記してありますが、一章完結になっておりますので、どこから読んで下さっても構いません。

（二）言葉使いについて一言

本書では「おこなう」という漢字を敢えて「行なう」と送り仮名を付しております。「行う」の方が一般的らしいのですが、筆者は敢えて「行なう」と「な」を入れてありますことをご了承頂きたいと存じます。

第一章　将軍慶喜の政権構想

1　幕府の動揺と親仏幕権派の登場

(一) 初めに

ペリーショック以来、日本の進むべき道は限られていた。それは好むと好まざるとに拘わらず、近代化という後戻りできない行程である。では近代化とは何か？　それはいうまでもなく、産業革命を経て圧倒的な国力を有するに至った欧米列強と同様な国家を建設することであった。

具体的には殖産興業・富国強兵である。特にペリーショックによって鎖国の重い扉を開扉させられた日本にとって、富国強兵こそが最優先の課題であった。当時のアジアは、インドがイギリスの支配下に置かれ、清国も欧米列強によって半植民地化され、インドシナはフランス、インドネシアはオランダの植民地となり、かろうじて日本とタイ国のみが独立を維持しているという有様であった。

富国強兵を断行する為には旧来の幕藩体制では立ち行かないということは、(封建制にしか価値観を見い出せない頑迷固陋な守旧派や極端な攘夷思想で眼が曇っていない限り) 当時の識者なら知っていた筈である。特に実際に行政を担当し、外交に直面している幕府の首脳にとっては切実な問題であった。賢明な徳川慶喜がこうした状況を把握していなかったとは到底考えにくい。

（二）慶喜は慶応二年一二月五日、第十五代将軍に就任した。このとき彼はどのような政権構想を持っていたのであろうか。

その前に彼が京都で政争に明け暮れていた頃、江戸ではどのようなことが進行していたのかを改めて確認してみたい。

久世・安藤幕閣退陣後の幕府は全く主体性を欠き、西国雄藩が着々と実力を蓄えていくのをただただ傍観するのみか、尊攘派の行動に振り回されるだらしなさであった。

こうした危機的ともいえる状況の中で、幕府にも新しい勢力が台頭してきた。いわゆる親仏幕権派という勢力である。この言わんとするところは「現下の幕府は諸大名の言いなりである。このままでは諸大名に使役されてしまうであろう。この際、断固として幕権を奮い起こし、日本を幕府の手で統一するべきである」という考えである。

小栗忠順、栗本鯤、山口直毅、向山一履、平山敬忠らがその中心人物であった。彼らは等しく優秀で実務能力に長けていた。また幕府独裁を主張する点で守旧派の支持も得られ易かった。最末期の幕府をリードしたのはこの集団であった。ここで彼らの実践した政策を少し確認してみよう。

文久二年一二月、幕府は軍制改正を布告し、歩・騎・砲の三兵を創ることを決定した。これは不十分ながら従来の兵制から近代的兵制への転換を図るものであった。幕権派の台頭はこの頃からだと推測される。

また文久三年六月、この出来たての歩・騎兵約千五百名を引き連れて老中格の小笠原長行らが行なおうとした尊攘派打倒・京都制圧計画も結局は失敗したが、幕権派の動きが噴出したものであった。

次いで、慶応元年一月、フランスとの間で横須賀製鉄所（造船所）の建設契約が成立した。これには前年三月、駐日公使として着任したレオン・ロッシュの協力によるところが大であった。ロッシュはイギリスの勢力に対抗すべく幕府への働きかけを積極化した。ロッシュ着任以来、幕権派はフランスの援助を頼りに幕府の権力を強化して、徳川絶対主義に邁進することになるのである。いわゆる親仏幕権派の形成である。

ところで軍制改革にも製鉄所建設にも多大な資金が必要であったが、当時の幕府は極端な財政難に喘いでいた。そこで頼みとするのは借款であった。これは、最終的には慶応二年八月に六百万ドルの借款契約として成立した。まさに慶喜が徳川宗家を相続した直後であった。小栗が九月に上京したのは、この報告と今後の政策の摺り合わせの為だったと推測される。

このほか流通機構の把握、日仏巨商による貿易商社の設立から中央銀行の創設までも検討していたという。また幕府は生糸を優先的にフランスに輸出させる計画を練っていた。これは一九世紀にフランスの養蚕業が病気で壊滅的な打撃を受け、日本蚕種のみその移植が成功を収めたことによる。幕府からすると勿論、フランスによる軍事的援助に対する代償である。

以上の政策を実質的に指導したのは実に小栗忠順であった。彼は、当時の武士にしては珍しく経済政策に詳しく、流通の仕組みなどを正確に把握していた。

要するに彼ら親仏幕権派が目指すものは、徳川絶対主義による廃藩置県、郡県制の創設であった。これは勝海舟が久しぶりに登城した慶応二年五月、小栗自らが勝に語ったことからも明白である。

ところで横須賀港には小栗忠順とヴェルニーの銅像が建っている。フランス人技師ヴェルニーが、横須賀がツーロン港の地形に似ているということからこの地を選んだことによるが、横須賀は軍港としてその後大いに発展した。小栗はいわば横須賀、いや三浦半島発展の恩人ともいえる人である。彼の政策は後の明治政府が行なったことを先取りしたものであり、最末期の幕府を支えた悲劇の英雄というべき人だ。

2　将軍慶喜の政権構想

また前置きが長くなってしまうが、ここで慶喜の将軍就任までの過程を少し述べたい。彼はすんなり将軍になった訳ではないからである。

（一）第二次長州征伐が敗北続きの中で、将軍家茂が慶応二年七月二〇日に大坂城で死去した。この未曾有ともいうべき幕府開府以来の危機に対処できるのは慶喜以外にはあり得ないことは誰が見ても明らかであった。しかし慶喜の将軍就任を望まない勢力は幕府部内で充満していた。まず大奥、次いで幕府の大半を占める守旧派、更には親仏幕権派の官僚達も基本的に反対であった。慶喜は江戸の徳川関係者の間では極めて不人気だったのである。理由はいくつか挙げられる。

まず大奥。慶喜が将軍になれば大奥に大鉈を振るい、予算を大幅に削ることは明白であった。慶喜はあの時代に側室を写真で選んだという逸話があるほどハイカラな人で、しかも京都の生活が長い。彼にとっては大奥など全く無用有害な存在だったであろう。

次いで守旧派。彼らは、善良で温和な家茂が大好きで、そもそも家茂と十四代将軍職を巡って争った慶喜はいわば目の敵である。更に家茂が将軍になってからも、慶喜は将軍後見職（これは彼が決して希望したのではないが）に就任し、その後は禁裏守衛総督として京都で活動し、守旧派から見れば、全く不可解な行動が多かった。彼らは慶喜を二心殿（彼の当時の呼び名一橋慶喜をもじって言ったもの）とか、豚一殿（豚を食う一橋殿）とか呼んで毛嫌いしたのである。まあ慶喜という人は、守旧派にとっては理解不能の人種だったのかもしれない。

最後に親仏幕権派。本来この集団は、慶喜支持であってよい筈である。なぜなら慶喜は頭脳明晰で普遍的な価値を受け入れる柔軟性がある。幕政改革（近代化）にも理解を示し、必然的に開国志向も強い。この集団にとって慶喜こそがその頭領として戴くに相応しい人であろう。

しかし慶喜は親仏幕権派が江戸で改革をやっている時に、京都で政争に明け暮れていた。（望んだわけではないが）慶喜は京都でその地位を固め、江戸幕府から独立したかのような勢力を築いていた。そのために江戸の幕府からは、一会桑（一橋・会津・桑名）と言われて、嫌われたのである。慶喜にはそれなりの言い分があるのだが、今のように通信手段が発達していた訳ではない。江戸・京都間では意思の疎通も不十分な時代であった。一直線に徳川絶対主義の道を邁進したい親仏幕権派にとって慶喜のやっていることは、幕府の足を引っ張る行為にしか見えなかったのであろう。

（二）このような状況の中で慶喜は、慶応二年七月二七日、徳川宗家のみを相続することだけを承認した。つまり将軍職就任を留保したのである。そもそも徳川宗家と将軍職就任を分けるなど慶喜が初めてである。彼は何を考えていたのであろうか？

以下、彼の将軍就任（慶応二年一二月五日）までの行動その他を時系列で追ってみたい。

慶応二年七月二九日、家茂の喪を伏せたまま将軍名代として長州に出陣する旨決定。「大討込」と称して、山口城まで突入すると豪語した。

八月二一日、小倉が陥落して出陣中止を決定した。

八月二〇日、対仏六百万ドルの借款成立。

八月二七日、大規模な軍制改革を宣言。ロッシュに親書を寄せ、歩・騎・砲三兵の訓練から大小砲の購入についても周旋を要請した。

八月三〇日、大久保利通ら在京の薩摩藩士及び岩倉具視は将軍不在の政治的空白を利用して、朝廷主導で列藩会議を開き王政復古をなすべく画策。二二人の公家に列参を実行させ朝政の刷新を孝明天皇に訴えさせたが、徹底した佐幕派の天皇は激しく怒ってこれを退けた。

九月七日、松平春嶽の要請に応じ、諸大名を召集して政治の大方針を決めようという意見を容れた。理想主義者の春嶽は以前から雄藩連合論者で勝海舟も同じ意見であった。また大名会議を朝廷が開くことで、薩摩藩との宥和も図れると考えていた。

慶喜は征長戦の休止で出鼻をくじかれ、春嶽に助けを求め彼の意見を容れたのである。しかし、慶喜が幕府主導で大名会議を開こうとしたので、春嶽は怒って一〇月一日、帰国してしまった。用が済んだ勝も江戸に返してしまった

また朝廷は二四藩の大名に対し、大名会議に出席するよう召集をしたが、上京してきたのはわずかに五名であった。

九月下旬、親仏幕権派の巨頭小栗忠順が上京。慶喜と面談。

一〇月一六日、慶喜は、数百名の兵を引き連れて堂々と除服参内した。何とこのとき彼

は洋装であったらしい。

一〇月二七日、慶喜は、八月三〇日の列参を行なった反幕派の公家を処分して、将軍就任の地盤を固めた。

一一月　重要な政治問題について諮問する為、熱海で静養中のロッシュの元へ平山敬忠らを遣わした。

一二月五日、将軍宣下を受けた。

(三)　以上の経過から分かるように、慶喜は徳川宗家相続の段階で早くも徳川絶対主義に舵を切ったのである。これは、レオン・ロッシュとの遣り取りや、江戸幕府の改革全てを取り仕切る小栗忠順が上京して来たことでも明らかである。

慶喜と小栗との会談は、対仏借款の成立の報告及び江戸での改革の進捗状況、今後の政策の摺り合わせ等であったと推測される。ここで慶喜は完全に親仏幕権派を味方にして、その支持を取り付けたものと考えられる。

問題は、慶喜が意外にも諸侯の上洛に拘っていた点である。八月段階で既にその意思があったことが、最近の家近良樹教授の著書に記されている。これと春嶽に周旋を依頼したこと、更に薩摩側の動きもあって、この大名会議への慶喜の考えが分かりにくい。

筆者は以前は、長州征伐の失敗を湖塗する為の時間稼ぎに春嶽を利用したものとする松浦玲氏の見解のとおりと解していた。

しかし、慶喜は別の目論見があったのではなかろうか。つまり当時ドン底に沈んでいた幕府の権威を高める為、まず長州にひと当て当てて（大討込）、自ら輝かしい戦勝を勝ち取り幕威をある程度回復させ、しかも自身の求心力を高めた上で大名会議を開き、自らの将軍就任と長州問題等の解決を一気に図ろうとしたのではないか？　つまり「諸大名に支持された新しい将軍」というこれまでとは違った新将軍の概念である。

しかし、初めの「大討込」の中止で計画が狂ってしまい、春嶽の雄藩連合論に乗ったふりをせざるを得なくなったのではないか。春嶽は慶喜の大名召集を逆手に取って、「将軍不在なのだから朝命で大名会議を開け」と迫ったのである。薩摩の大久保らはまた、将軍不在のこの時期に薩摩藩主導にて大名会議を開き、幕府の主導権を奪ってしまうよう画策していたのである。

しかしである、大名は集まらなかった。幕末の政局は朝廷という超越的権威が登場するので対立軸が分かりづらくなりがちだが、冷静に考えればこれは徳川と薩摩・長州との政治力学の勝負なのである。徳川の力が圧倒的であれば、そもそも大名会議など不要である。幕府の力が相対化して衰えた今、諸藩は迂闊に乗って来ないのが冷徹な現実であった。

慶喜は結局、親仏幕権派の上に立って、徳川絶対主義を邁進する決意を固めたのであろう。そのためには一度、征夷大将軍という古い幕府の頂点に立つ必要があったのである。そして、孝明天皇の大きな支持もその求心力を高めたのであった。

3　そして幕政改革

(一) 初めに

1・2から分かるように、慶喜が将軍に就任したときの幕府は、まさに開府以来最低の状態に落ち込んでいたといえよう。これは直接的には、第二次長州征伐の敗北による幕府自身の権威の失墜と、それに伴う求心力の著しい低下によるものである。また、慶喜自身が大言壮語したいわゆる「大討込」が無様（ぶざま）な中止となったこともその追い打ちとなった。

対外的に見ると、長州は初めから明快に敵国そのものであり、薩摩も既に反幕行動を取っていた（薩摩は、蛤御門の変で反幕色を明確にしたが、それ以前からも既に反幕的であり、その陰険さは並みではない。この点はいずれ改めて詳述したい）。

いわゆる四候のうち、伊予宇和島の伊達宗城は以前から薩摩に近い。これは自藩の産品を薩摩を通じて長崎で輸出していたこともその理由の一つである。土佐の山内容堂は義侠心があり、慶喜に同情的ではあったが、藩論が流動的であったし、何しろ容堂は泥酔癖があり（自ら「鯨海酔候」と称していた）、頼りにならないところがあった。最後に福井越前の松平春嶽であるが、彼は元々親藩大名でいわば慶喜の親戚筋・身内に当たる家柄である。しかし純良で理想主義者の春嶽は、度重なる慶喜の裏切り行為にいささか嫌気がさしていた。更にいえば越前藩にしても自藩の生糸を薩摩の資金で買い付け、これを薩摩に売却している。薩摩藩は集荷した品物を奄美の港で外国商人へ売却しているから、越前藩の行為はあくまで合法だが、薩摩の密貿易をいわば黙認していたのである。

親藩大名にしてこの有様なのだから、多くの藩が日和見になるのは当然であった。要するに幕藩体制はあらゆる面から崩壊しつつあったのである。

何よりも、前述のように慶喜自身が江戸の連中（大奥、幕臣の大半を占める守旧派）には極めて不人気であった。

以上から分かるように、慶喜政権は要するに今風に言えば、最低の支持率から出発したと言えよう。こうした、いわばどん底状態の幕府を、慶喜はいかにして立ち直らせようとしたのであろうか?

(二) 将軍慶喜の幕政改革とその政権構想

まず慶喜は、慶応二年八月二〇日、「我が意の如く弊政を改革して差し支えなければ」との条件付きで徳川宗家を相続している。つまり、老中達に「改革をやるぞ」と予告し、同意と協力を求めたのである。

しかしそれだけでは、慶喜アレルギーの江戸の連中を味方にすることができないと考えたのであろうか、相続後間もない九月二日、施政方針八ヶ条なるものを自筆でしたため、老中稲葉正邦に示している。その内容は、まず第一条に「仁をもって政治の目的となす」とあるように、儒教道徳の「仁政」を基本としている。これは要するに、急激な改革を危惧する守旧派に対し、いわば「私は伝統的な将軍だ」と言って安心させ、彼らを宥和させたかったのであろう。第二条以下、人材登用、冗費節約、陸海軍の増強、国際交流、通商貿易、貨幣の純正と続くが、何ら具体的改革の指針は載っておらず意外と保守的である。

慶喜が具体的改革を行なったのは、まず官僚機構の整備である。即ち、従来の老中制度を廃して五局制を導入した。これは国内事務、会計、外国事務、陸軍、海軍でそれぞれに総裁を置き、その下に奉行を配した。いわば内閣制度と官僚制の初期的萌芽である。

次いで最も大規模にやったのが軍制改革である。幕府は、海軍は初めから近代的組織として整えることに成功した（海軍というものがなかったから）。ついでにいうとオランダに発注した主力艦の開陽丸は、排水量二五九〇トンの堂々たる木造フリゲート巡洋戦艦で、その能力も桁違いに強かった。

しかし、陸軍の近代化は難航した。慶喜自身、長州征伐の失敗を経験しているので軍制改革は急務であった。その要は、陸軍を歩兵を中心とする徹底した銃隊化にすることであった。旗本達がこれにはかなり抵抗した。刀は武士の魂だというのである。

総じて江戸の旗本は守旧派が多く緊張感がなかった。これに比べ長州は四国連合艦隊に下関を砲撃され、砲台を徹底的に破壊・占領されている。銃砲の威力をまざまざと見せつけられたのである。また更に追い打ちを受けるように、長州征伐をやられて生き残る為には勝たねばならない。そのためには、嫌でも銃隊編成にせざるを得なかったのである。

また、長州は藩を挙げて殖産興業・富国強兵政策を採っていた。いわば一藩絶対主義である。この点、幕府は一歩も二歩も薩摩や長州に立ち遅れていたといってよい。その原因は旗本達の危機意識の欠如である。江戸の奥深いところで惰弱な日々を送っていては、危機感は育たないのである。したがって人材も少ない。慶喜の足を引っ張ったのはまさにこうした連中であった。

さて陸軍の近代化であるが、慶応二年八月、慶喜が宗家を相続した時点から大規模な軍制改革が始まったが、更に慶応三年二月、慶喜はいよいよ常備軍の整備を開始した（この前提として旗本の軍役は金納となった）。この常備軍が二〜三万となれば単独で長州を滅ぼし、薩摩をも沈黙させることができる。要するに、慶喜が将軍に就任する前から親仏幕権派が目指していた徳川による日本統一、郡県制の創設が最終目標であった。

このために、フランスからシャノワン大尉らの軍事顧問団を招聘し、初めは横浜でその後は江戸で調練を施した。余談だが、この顧問団の一人ブリュネイ大尉はその後、函館まで転戦し、土方歳三らと共に最後まで官軍と戦っている。

以上、要するに慶喜が力を入れたのは行政改革と軍制改革であった。そして彼の改革にはロッシュの示唆によるところが大きかった。事実、慶喜はロッシュに何度も親書を送っており、慶応三年二月の六・七両日、慶喜は多忙の合間を縫って大坂にロッシュを訪ね、内外の問題に対し彼に諮問している。ここでロッシュは日本近代化の青写真を滔々と披瀝している。

以上から分かるように、慶喜は随分回り道をしたが、ようやく徳川絶対主義のコースを邁進し始めたのである。彼は常時京都にいて、江戸の改革をやらねばならなかった。この困難さは今日の我々には想像もできない。

慶喜の改革に対し、政敵達は戦慄した。このまま改革が成功すれば徳川による日本統一が完成してしまうからである。それは当然のことながら、天皇を担いで日本を統一しようとしている長州・薩摩を中心とする敵対勢力は滅びざるを得ないからである。

岩倉具視は「果断にして勇決、その志小ならず、軽視すべからざる勁敵なり」と言い、坂本龍馬は「将軍家はよほどの奮発にして平生と異なれること多く、決して油断ならず」。木戸孝允は「今や関東の政令一新し、兵馬の制頗る見るべきものあり、一橋の胆略決して侮るべからず、若し今にして朝政挽回の機を失い、幕府に先を制せらるることあらば、実に家康の再生を見るが如けん」と絶賛している。

この段階に至ってようやく徳川絶対主義による日本統一コースと、それに正面から敵対する王政復古によって徳川を滅ぼし、日本を近代化しようとする天皇絶対主義コース、そして従来の公議政体論による雄藩連合コースの三つの道が、将来の日本の姿として輪郭を表してきたのである。

以上、どん底状態の幕府を、政敵をしてこのように評価させるまで盛り返した慶喜の政治的手腕は確かに大きかった。

しかし、彼の改革には様々な困難や問題があった。

まず改革（特に軍制改革）の時間的目標である。本来五年、一〇年といった設定をして成果が出るような大きな改革である筈だが、敵対勢力がいつ決起するかもしれない状況ではそんな悠長なことは言っておれなかった。急激な改革は怨嗟が伴う。

また人材不足も深刻であった。前述のように幕臣達は危機意識がないから当然人材も少なかった。それどころか慶喜の足を引っ張った。慶喜のやろうとしていることが幕臣達に理解されていなかったのは、後述する原市之進暗殺事件でも明らかである。

次いで財政である。慶喜がやろうとしているのは近代的国家の官僚機構と軍隊の整備である。特に新しい陸軍は大変な金が掛かったのである。要するに従来の幕府貢租では到底まかない切れるものではなかった。この財源としてフランスからの借款が当てられる予定であった。これは先述したとおり、慶喜が将軍になる前から小栗らが取り決めたことであった。この借款が幕府改革の頼みの綱であった。

勝海舟の批評によれば、「怨声沸騰、之が処置をなすこと極めて難し」であったというから、短期的成功がかなり困難な改革であった。

(三) 将軍慶喜の外交

こうした状況の中で、慶喜は外交に活路を見い出したのである。最初の外交デビューとなった大坂城の外国公使謁見から、幕末政局のまさにターニングポイントとなった兵庫開港が、慶喜政権の初めのそして大きなクライマックスとして登場する。

第二章　四国公使謁見と兵庫開港問題

1　謁見前夜

（一）初めに

「兵庫は開く」

この明快過ぎる言葉を危ぶんだアーネスト・サトウ（英国公使館員）は、「そのお言葉、横浜や本国の新聞に掲載しても宜しきや？」と伺いを立てたほどである。慶喜の回答は更に明快であった。「苦しからず」と。

これは司馬遼太郎の小説『最後の将軍』の一節である。小説はあくまで創作であり、事実ではない。しかしこの一節は、「当たらずと雖ども遠からず」ではあるまいか。

慶喜は、この兵庫開港という大問題を、明快に「開港」と諸外国に回答したのであった。そもそも、兵庫開港問題とはその期限が本来安政五年一二月五日であったが、更に五年の延長が認められて、慶応三年一二月七日開港と定められていた。期限の六ヶ月前には布告しなければならないから、幕府にとっては差し迫った大問題であった。

なぜ五年も延期されたのか？　その理由は明快である。そもそも孝明天皇が京都に近い兵庫を開港することには反対であったし、頑迷固陋な公家達も開港に反対であった。尊皇攘夷一色であった文久当時は開港など思いもよらず、幕府は五年の延期を諸外国に求めるのがやっとであった。

　将軍就任を渋っていた慶喜が結局将軍になったのも、この問題の解決が念頭にあったからと言えなくもない。要するに当時、諸外国との外交を担当していたのは紛れもなく幕府であり、来るべき兵庫開港問題の解決については、やはり自らが将軍になっていないとやりにくい。日本の代表者は紛れもなく征夷大将軍たる自分である。自分を差し置いてこの問題を解決できる者はいない、という強烈な責任感と自負があったのであろう。

（二）四国公使謁見までの経緯

①幕府の謁見招請と英国公使パークスの反応

　慶喜がまだ正式に将軍に任命されていない慶応二年一二月二日、幕府は早くも英・仏・米・蘭の四国代表に、謁見を行なうので大坂に来るよう招請した。

　実は慶応二年一一月二四日、外国奉行は、アーネスト・サトウが「英国策論」（これはあくまで彼の私論であり、英国政府の公式見解ではない）で幕府の権威を否認し、日本は諸侯会盟議政（雄藩連合）にすべきだ、と説いているのを憂慮し、幕府が全国統治の威権を振るい「中興維新」を断行する為にも、外国公使を引見すべきだと上申している。要するに、各国代表接見を速やかに行なうことによって、徳川政権の権威を早急に内外に示したかったのである。

この時期、福沢諭吉も大名同盟の説を退け、「大君のモナルキ」でなければ日本の近代化は進まないと記している。要するに徳川絶対主義による日本統一路線の実行である。

ところが、事はスンナリとは運ばなかった。パークスが異を唱えたからである。その言わんとすることは要するに、「幕府の招請に単純に応じては、幕府権力の増大に手を貸すことになる。それに幕府が本当の日本政府であるなら兵庫開港を確約すべきであり、我々はその保証を取り付けてから招請に応じるべきだ」という論理である。

同年一二月七日、パークスは老中稲葉正邦を訪れ、謁見の際には兵庫開港勅許の通告が望ましい旨述べている。幕府は兵庫開港についていわゆる勅許を得ていなかったから、これはいわば幕府の弱みを突いたことになった。

そこで幕府は孝明天皇の死去を理由として、慶応三年一月一〇日、接見の期日をしばらく延期する旨、四国代表に告げたのであった。

②英国の対日政策について若干のコメント

当時の英国の対日政策は貿易の拡大が最優先で、日本の国内政治には介入しないというのが基本であった。しかし、彼らが自由貿易を振りかざして門戸開放を迫れば、そもそも幕藩体制の根幹を揺るがすことになる。現にパークスの前任オールコックは幕府が四国に支払う賠償金（馬関で長州が外国船を砲撃した事件の処理）を免除する代わりに、下関の開港を幕府に持ちかけている。またオールコックもパークスも（更にはその懐刀のアーネスト・サトウも）、西南雄藩と頻繁に接触している。

最近の歴史書を読むと、英国は従来言われているほど薩長寄りではなく、ただただ貿易を拡大したかっただけだという見解が散見する。しかし、幕府にとって英国のこのなり振り構わぬ自由貿易拡大路線こそが本質的に厄介そのものであった。

更に言えば、先述のパークスの意見は一見尤もだが、そもそも条約を批准したのは幕府であり、その代表者が代替わりしたのだから、新将軍の謁見に国際法上何の問題はない筈である。「幕府権力の増大云々」は国内問題への介入であり、兵庫開港を持ち出すのは政治的嫌がらせとさえいえる。いつの時代も大国のエゴは不変である。

筆者は、当時のスーパー超大国である大英帝国に対して、東洋の小国のしかも弱体政府である幕府の外交担当者（特に外国奉行ら）は、「よくぞここまで奮闘した」とむしろ讃えたい。

③そして続く外国公使謁見を巡る幕府・薩摩・パークスの攻防

慶喜による四国公使謁見挙行を巡る攻防は、先述の慶応三年一月一〇日の接見延期の通告時から本格的に始まったといえよう。

慶喜は将軍就任直後の慶応三年一月下旬、一人の外国奉行をロッシュの元に遣わし、政治的改革を行なう旨を述べ、その方法について広く諮問している。慶喜はまだ将軍に就任していない前年一一月にも二名の外国奉行をロッシュの元に遣わしているから、今回の派遣は政治改革の諮問もさることながら、間近に迫った謁見を滞りなく遂行する為の助言を求めたものと推察される。

そして翌二月、ロッシュは自ら大坂に赴き六、七の両日、将軍慶喜と会談しているのは前章で述べたとおりである。ここでロッシュは、幕府が兵庫開港を宣言しなければパークスは謁見に出席しないであろうと述べている。慶喜が「断然兵庫を開港すべし」と決意したのは、多分この会談の時ではないかと筆者は推測する。

ロッシュが将軍と単独で会見したことに気を揉んだパークスは、自分も大坂へ行くと言って老中が制止しても聴く耳を持たなかった。困窮した老中がロッシュに相談すると「アマノジャクのパークスのことだから止めても聞きはしない、自分も大坂へ行くから心配は無用」と回答している。そこで慶喜はパークスの大坂行きを逆手にとって、慶応三年三月八日、四月上旬に大坂で謁見を挙行する旨、四国公使に通知したのであった。

慶喜は謁見の準備に励みながら、三月五日、兵庫開港の勅許を朝廷に奏請した。しかし、薩摩が兵庫開港を元々望まない公家へ猛烈な入説をして妨害工作を行なったこともあり、朝廷は一九日、兵庫開港を承認しないという沙汰書を幕府に出している。

一方、三月一四日に大坂に着いたパークスは、早速行動を開始した。幕府は同一三日、パークスに対し、兵庫は必ず予定された期日に開き、六ヶ月以前に国内に布告する旨回答している。しかし、これに飽き足らないパークスは、日本国内の布告は六ヶ月で足りようが、本国（英国）にはこの期間では不十分なので、早急に本国に布告したい旨要求した。これに対し、老中板倉から異論なしとの内意が表明された。

④将軍慶喜の決断

以上からして、兵庫開港問題は早急に解決を必要とする情勢になった。慶喜は謁見の期日を早める為、三月二二日に再び兵庫開港の勅許を朝廷に奏請した上で、（その返事を待たずに）同日大坂へ出発したのであった。

彼は仮に勅許を得られなくても独断で兵庫を開港し、徳川家の存亡を一挙に解決する覚悟を決めていた。

慶喜が勅許がなくても断然兵庫を開くと決めたのは、勿論彼自身の開港への強い希望があったことは論を待たない。しかしそれだけではない。怜悧な慶喜が当時の国内情勢の変化を敏感に感じ取った結果ではあるまいか。

鎖国か開国かで揺れた安政年間や尊皇攘夷が吹き荒れた文久年間を経て、慶応三年ともなれば既に開国は国是であったろう。決定的な転機は元治元年八月、下関で長州が四国連合艦隊に砲台を破壊された時からではないか。この日を境にして、攘夷など不可能、開国以外ないということを当時の日本人は知らされたのである。だからよほど眼が曇っていない限り、好むと好まざるとに拘わらず兵庫開港は避けられないことは、識者なら皆知っていたのである。

一つの政策が国論を二分するようなものであればまさに勅許は天の声、切り札そのものであろうが、それが誰の目にも明らかな、いわば必然の政策決定であれば、慶喜は政権担当者たる自己の責任で断然兵庫開港を宣言し、勅許は追認（もっと分かり易く言えば、単なる認証）であるべきだ、と慶喜は考えたものと推測される。

こうしていよいよ慶応三年三月下旬、慶喜政権の白眉となった英・仏・米・蘭の四国公使謁見が始まろうとしていた。

2　四国公使謁見の挙行

（一）そのスケジュール

天下の耳目をそばだたせる将軍慶喜による四国公使謁見は、いずれも内謁見（非公式の会見）と公式謁見に分け、大坂城において挙行された。

1で述べたとおり、パークスは既に三月一四日、大坂に到着して活発な活動を開始しており、追ってロッシュも大坂に着いた。あとは将軍慶喜の登場を待つばかりであった。謁見のスケジュールを確認してみると以下のとおりである。

慶応三年三月二五日　英国公使パークスとの内謁見
同二六日　オランダ公使との内謁見
同二七日　フランス公使との内謁見

同二八日　英・仏・蘭の三カ国公使との公式謁見
同二九日　遅れて到着したアメリカ公使との内謁見
四月一日　アメリカ公使との公式謁見

以上、想像しただけでもかなりの過密スケジュールである。この日程を難なくこなしてしまう将軍慶喜の能力の高さには、誰もが脱帽せざるを得ないのではなかろうか。しかも彼はただの飾り者ではなく、自ら最高のホスト役を堂々と演じているのである。加えて当時の外交担当のスタッフも素晴らしく優秀であったと推測される。

以下、最も注目されるパークスとの謁見を中心にして、少し述べたい。

（二）三月二五日に行なわれた内謁見の様子

初めに断っておくが、この場面は、明治維新史の研究を飛躍的に進歩させた石井孝博士の名著『増訂 明治維新の国際的環境』が活写している。謁見に臨まんとする若き将軍慶喜の意気込みと熱意がまさに乗り移ったかのような、血湧き肉躍る筆致だ。

筆者はこのくだり、同じ日本人として奮闘した将軍慶喜の心情を思うと感激と賞賛以外ない。以下、博士のこの名著の一部を数多引用させて頂くが、多分博士も許してくれるのではなかろうか。引用は五八五頁から五九五頁までである。全文の紹介が出来ないのが残念である。尚、筆者の愚かなコメントは（　）で行う。

三月二五日の内謁見では、相互の意見の交換が行われた。会談を開くに当たって慶喜はまず、英国女王の健康を尋ねたところ、これに対してパークスは『日本における権威の最高の根源として』天皇の健康を尋ね、次いで将軍に及んだ。（嫌みなパークスらしい返答だが、如才ない慶喜は知らぬふりをして進行する）

（中略）さらに将軍は、遣英留学生や海軍伝習教官の派遣について英国の好意に感謝した。（中略）また慶喜は、蒸気力海軍の建設と関連して、日本の炭層を採掘する必要や、鉄道・電信等のような企業への西洋科学の応用にも触れた。西洋知識の吸収や近代的企業の振興についての慶喜の大きな関心は、さきのロッシュへの諮問と相まって、彼の国政改革への熱意が並々でないことを示す。

このような会談は一時間半も続いた。それから慶喜の所望によって、パークスを護衛する騎兵の演習が行なわれた。晩餐は完全に洋式であった。宴たけなわにして慶喜は立ち上がり、英国女王の健康を祝して乾杯を申し出たが、パークスは今度は、『天皇の健康ではなく、大君の健康と共に日本の繁栄を祝して』これに答えたのであった（慶喜の魅力に参ったパークスは冒頭の発言を大いに恥じたのであろう）。晩餐後、別室でコーヒーが出され、友好的な会話が一時間も続いたという。このようにして内謁見は、なごやかな雰囲気のうちに終わった（博士が別の著作『幕末悲運の人びと』でも述べているとおり、まさに、「ハイカラ将軍の面目躍如たるものがあった」というべき快挙であった）。

（三）三月二八日に挙行されたパークスとの公式謁見

小直衣（烏帽子直垂の狩衣姿）に身を包んだ将軍慶喜は内謁見とは打って変わり、厳かな態度でパークスに対応した。

即ち、面前に進み出たパークスに対し、立ち上がった将軍慶喜は「我が国の大法を遵奉し、祖宗以来の全権を掌握せしにつき、条約を一々履み行うことを断然決定した」と厳粛に宣言したのであった。信任状を持たず、しかもマジェスティ（陛下）の称号を敢えて止め、ハイネス（殿下）と呼んだパークスは、眼前で圧倒的な存在感を示す男が厳かに自らが主権者だと宣言したことをどう受け止めたのであろうか？

ところで、筆者が分からないのは慶喜がいつ兵庫開港を宣言したかである。石井孝博士の『明治維新の舞台裏』や松浦玲氏の『徳川慶喜』によれば、公式謁見の際、兵庫開港を宣言した、とある。しかし、先述の『増訂 明治維新の国際的環境』では、何度読み返しても、公式謁見で兵庫開港を宣言した、とは記されていない。「条約を一々履み行う」と言えば、これは兵庫開港を当然含むので問題はないのだが、やや釈然としない。慶喜は果たして、謁見の場で兵庫開港に言及したのであろうか？　それとも、既に幕閣がパークスに内示を与えているので、敢えて兵庫云々には言及しなかったのであろうか？

(四) 四国公使謁見の意義等

この謁見により、外国（特に英国）の慶喜政権に対する評価が格段と高まったことは、紛れもない事実であった。これは慶喜の外交能力の高さもさることながら、何よりも兵庫開港を率直に宣言したことへの評価と安堵によるものである。

パークスは、慶喜をハイネスと呼び信任状も持参しなかった。これは幕府側にとっては大いに不満であり、駐英公使格の外国奉行向山一履は、慶応三年一一月、イギリス外相スタンリイに対し、条約にマジェスティとあるのになぜ敬称を格下げしたのかと抗議している。

しかし、敬称問題を除けばこの謁見が対英関係を大いに好転させたことは覆うべくもない事実であった。パークスは慶喜が日本の君主であることを法的に否定はしたが、それは慶喜が日本政界において最重要の地位にあることを否定した訳ではなく、かえって彼は慶喜が日本国内関係の調整に大きな役割を演じるであろうことを期待したのである。（しかしこのパークスの読みが甘かったことは後の歴史が証明している。慶喜はこのとき既に徳川絶対主義を邁進していたからである。）

パークスが、いかに慶喜に好感を持ったかは彼の言動から明らかである。以下、『増訂明治維新の国際的環境』を再度引用する。

彼が、ロッシュに宛てた私信に、「大君の城の素晴らしさも、彼の個人的資質について彼がかき立てた素晴らしさを凌ぎはしなかった」から始まって、「この接待は異国的特色を持っているにもかかわらず、全ての点で完全であった」「感情の調和がこの愉快な会見の最も貴重な部分をなしていた」などと最上級の形容詞で慶喜の接待ぶりを賞賛しているのでも分かる。しかしこれは、決してお世辞ではなかった。彼は、外相スタンリイに宛てた通信でも、「大君の外国人に対する友好的意向についてのみでなく、高級の能力と人を引きつける行動・外観についても素敵な印象を得た」ことを語っているからである。

日本国内で幾多の政争の修羅場に身を置き、更に「蛤御門の変」では砲煙弾雨の中を決然と戦った慶喜はその人間的魅力によって、練達且つ気難しい大英帝国の外交官パークスをも信服させてしまったのであろう。

この謁見の時にパークスが慶喜個人に対して抱いた親愛の感情は、その後、鳥羽伏見の戦いで一敗地に塗れ江戸に逃げ帰った慶喜に生命の危機が迫った時に、大いに発揮されることになるのだが、それは少し後のことである。

（五）反幕勢力の見込み違い

薩摩を始めとする反幕勢力は、慶喜は勅許を得ずに兵庫開港を宣言することはできない、と踏んでいた。そしてこの機を捉えて、幕府の外交権を奪おうと画策していた。しかし、それらは水泡に帰してしまった。慶喜は、勅許なしに堂々と「兵庫は開く」と宣言したからである。ただこのあと五月、いよいよ勅許獲得に向けて慶喜の奮闘が始まるのである。

また兵庫開港による経済的効果は決定的であった。なぜなら、三年もすれば幕府の関税収入は軽く百万両を超えると見込まれた。また大坂の開市は西国雄藩に絶対的に不利であった。なぜなら大坂は金融の中心であり幕領である。西国雄藩は多額の借金で大坂の金融資本に首根っこを押さえられていたからである。

親仏幕権派の巨頭小栗忠順は、三井、鴻池等の商業資本を動員して兵庫商社の設立を企て、着々と財政面からも徳川絶対主義の基盤を構築するべく計画していた。反幕派は追い詰められてきたのであった。

（六）あとがき　そして二枚の写真について

①今回は非常に書きづらく、筆が進まなかった。理由は明快である。石井博士の著作が謁見の場面をあまりにも素晴らしく活写しており、筆者如きがコメントする余地はないからである。慶喜の謁見は最近の歴史家にも評価されているようだ。

（講談社『日本の歴史　一八　開国と幕末変革』三三六頁）

②筆者の手元に二枚の写真がある。

一枚は小直衣を着て、床几に凛と着座する慶喜の姿である。筆者がこの写真を初めて見たのは、新人物往来社が昭和五四年、月刊誌「歴史読本」で慶喜の特集を組み、その表紙を飾った時である。

以前から慶喜に興味を持っていた筆者は、この写真を見た瞬間、彼に魅せられたと言っても過言ではない。ここで読者に見て頂けないのは残念だがインターネットで調べればすぐ出てくるほど有名な写真だ。イギリスのサットン大佐が三月二五日に撮影したものである。私は謁見に臨む若き将軍の勇姿と思っていたが、どうやら謁見の後に撮影したらしい。いずれにしても凛として辺りを払う威厳と気品、端整な顔立ち、完璧と言うしかない。難を言えばもう少し顎を引いた方が良かった、などと思っている。この写真、欧州で多数印刷されている。

もう一枚は、羽織袴姿でやはり椅子に座ったものである。三月二九日、これもサットン大佐が撮影している。この写真はやや表情が寛いだ感じである。公式謁見後の翌日、イギリス近衛第九連隊を査閲する直前のものらしい。大仕事を終えてほっとしたのか、辺りを払うオーラを感じさせるのは相変わらずだが、表情が穏やかだ。

慶喜は自らの写真を外交に積極的に利用した。ヴィクトリア女王やナポレオン三世とも写真の交換をしてお互いの親交を深めようとした。当時としては日本人離れした発想である。自身の容姿によほど自信があったのであろうか。興味は尽きない。

尚、この二枚の写真については松戸市の戸定歴史館のホームページを参考にさせて頂きました。多年の疑問が解決しました。ありがとうございます。

第三章　兵庫開港布告と勅許取得

1　勅許とは

（一）初めに

「貴国との条約を遵守し、断然兵庫を開港する」と四国公使に堂々と宣言したことにより、慶喜政権に対する諸外国の評価は高まった。しかしこの問題について彼には最後の関門が待ち構えていた。勅許である。

まず兵庫を開港するには国内布告が必要で、その期限は慶応三年一二月七日の兵庫開港予定日を六ヶ月遡る同年六月七日と定められていた。慶喜は勅許を待たずに諸外国に開港を宣言したことを雄藩に非難されたが、彼はその抗弁として外国に宣言することと国内布告は別であるとの理論を用いた。

要するに国際法と国内法という二元的発想である。当時の慶喜が国際公法に詳しかったとは考えられないが、そういうことが瞬時にして分かってしまうのが慶喜の優れた能力であった。要するに対外的宣言と国内布告は別物で、国内布告についてのみ勅許を取得すれば良いという論理である。

話が遡るが、慶応元年九月、英・仏・米・蘭の公使達を乗せた四国連合艦隊が大挙して大坂湾に現れ、安政条約（日米修好通商条約）の勅許及び兵庫開港を幕府に迫った事件があった。このときは禁裏守衛総督であった慶喜の一昼夜にわたる奮闘で勅許をもぎ取り、事無きを得たのであるが、孝明天皇は兵庫開港は許さなかった（この時の慶喜の奮闘も是非記載したいのだが、彼が将軍になる前の事件でもあり残念ながら省略する）。孝明天皇亡きあともその遺志は生きており、条約の布告には勅許が必要であるというのが当時のいわば世論であった。

ところで、幕末政局の中で度々出てくる勅許なるものはなぜ必要になったのであろうか。この点を少し論じてみたい。

（二）徳川政権の始まりと幕藩体制　そして天皇

そもそも徳川政権は、日本全国の土地・人民がほぼ武家の支配に帰していた戦国時代、その始祖家康が戦勝を重ね、最後に武家の優勝決定戦ともいうべき関ヶ原の戦いの大勝利により、圧倒的な権力を手にしたことで開始した武家政権である。

徳川政権は、諸大名へ軍役を課し、参勤交代を命じしかも大名達を独断で転封・改易することが出来た。またこの政権は、徳川氏及び譜代大名のみが参加でき、外様大名は政治参加を許されなかった。要するに徳川政権は、まさに日本史上最強の独裁的武家政権と言えた。

しかし、家康及びそれに続く徳川政権は、圧倒的な権力を手にしたが、絶対的な権力を手にした訳ではなかった。島津氏、毛利氏、伊達氏など嘗ては徳川氏と対等であった有力外様大名も健在であったからだ。何が言いたいのか？

要するに徳川氏は、日本最大の領主にして日本政府を代表するが、日本全国の土地・人民を直接支配した訳ではなかったのである。圧倒的ではあるが絶対的ではないということだ。ほぼ同時代のフランスのブルボン朝のように、国王が全国を支配したわけではないのである。

この日本全国の土地・人民を全ては支配していない徳川氏が日本政府たり得る為には、更にその上の権威が必要だった。それが天皇である。要するに徳川氏はその政権を開始するに当たって、天皇から征夷大将軍という官職を受任する必要があった。

例えが可笑しいかもしれないが、ナポレオンは西欧全土を征服して帝位に就いた時、ローマ法王が持っていた王冠を法王からかぶせて貰うのではなく、いきなり法王から受け取って自分で加冠している。西欧で並ぶ者がない絶対的権力を得たナポレオンは、法王の権威を借りることなく、自らの権威と権力により完結した皇帝として、加冠を行なおうと考えたのであろうか？

話が逸れてしまったが、さすがの家康もそんな大胆なことは考えもしなかった。仮に彼が外様大名を全て屈服させ、全国の土地・人民を支配することになれば、彼は天皇から征夷大将軍を任ぜられる必要もなく自ら徳川王朝を創設したであろうが、そんなことはそもそもあり得ない。

要するに江戸に幕府を開き、三百諸侯を率いるという制度を選択した徳川政権には、その最後の手続きとして天皇から征夷大将軍に任ぜられることが必須であった。天皇の至高の権威は、徳川氏によって温存されたのである。

これが、近世武家政治の到達点として確定した幕藩体制であり、二五〇年間もの平和（パクス・トクガワーナ）をもたらすこととなった。

ところで、この幕藩体制を維持・安定させる為には絶対に必要なもう一つの国策があった。それは鎖国である。なぜなら、諸藩が勝手に諸外国と通商交易をしたのでは、幕府は統一政権としての立場が危うくなるからである。また当時の西欧列強のアジア・アフリカ進出を鑑みれば、日本の独立さえ危ぶみかねない状況であった。政治的にも経済的にも、鎖国こそ幕藩体制の要であった（当然のことながら鎖国の決定は幕府の独断で行なっている）。

（三）ペリー来航による幕藩体制の動揺と勅許の登場

こうした堅固である筈の幕藩体制を打ち砕く大鉄槌がペリー来航であった。何しろ想定外の桁外れの軍事力を誇示されては如何ともし難い。ペリーへの対応に自信を持てない幕府は開府以来初めて諸大名に意見を求めた。しかし求めたそのあとどうするのか、という考えもなかったのである。将軍家慶の死と重なったことも幕府には不運であった。

更に安政に入り、アメリカといわゆる日米修好通商条約を締結するかどうかも自信がなかった。この条約の締結は日本社会の有り様さえ大きく変えてしまう可能性を抱えていたし、世論も沸騰していたからである。

またこの時も不幸なことに決断力のある将軍が不在だった。困った幕府は遂に勅許取得という手段に打って出た。要するに天皇の権威を借りて、この難局を乗り切ろうとしたのである。しかしである。勅許は出なかった。何と二五〇年間も幕府の影響下にあった朝廷が、幕府の意向を無視したのである。幕府にとっては最悪の結果であった。

これが、例えば同じアジアの同時期のインド、ビルマ、中国、タイ、ベトナムなどは、その政権がいかに弱小であろうと、自らの責任と判断で欧米列強に対応する他はなかったのである。なぜなら、その政権自らが国の権威と権力を独占していたであろうからであり、外にすがる権威などなかったからである（尤も、タイ国を除いて全てのアジア諸国が欧米列強の植民地あるいは半植民地と化して、長い間苦しんだことは周知のとおりであるが）。

しかし、当時の日本は幕藩体制といういわば世界でも特異の政治体制を取っており、幕府を上回る天皇の権威を利用して一挙に国論を統一しようとしたのであろう。また実際に外国に対抗するには挙国一致でなければならず、幕府が政治権力を独占してきた幕藩体制の中では諸大名の政治参加が制度として存在する筈もない。当時の幕閣も開府以来の難局を打開するには、「禁じ手」と言うべき勅許取得しかないと考えたのであろうか。

しかし、先述のとおり勅許は降りなかった。条約反対派が朝廷に入説して勅許を出さないよう盛んに工作したことや、孝明天皇が稀代の外国人嫌いであったことも影響した。いずれにしても、この事件は朝廷が幕府の統制から離れたことを意味する。以来、政局は江戸を離れ京都に集まってしまった。朝廷の存在は、その好むと好まざるとに拘わらず、一貫して幕府権力の相対化（弱体化）に作用した。

困窮した幕府は、井伊直弼が遂に勅許無きまま安政条約を締結し、世論の大批判を浴びてしまった。そして、桜田門外の変を経て久世・安藤政権が崩壊した後、幕府が全く主体性を欠き、西南雄藩の飛躍を許してしまったのもこの時期だった。

要するに国政の重要事項について、勅許を得なければならないという慣習は、幕府自らがその先例を作ってしまったのである。

そして今、最後の将軍徳川慶喜が、その慣習に立ち向かわなければならないという皮肉な状況の真っ只中にいたのである。

2　兵庫開港をめぐる薩摩藩士の対抗策

小松帯刀、西郷吉之助、大久保一蔵らを中心とする反幕派の有力薩摩藩士達（以下省略して「薩摩」という）は、兵庫開港問題こそ幕末最大の政局になることを早くから見通し、様々な対抗策を打ってきた。以下、それを述べてみたい。

尚、この時点ではまだ薩摩藩の藩論が統一されていた訳ではなく、これを一括りにして「薩摩」と言うのは若干抵抗があるが、許されたい。

（一）英国公使等への働きかけ

①まず慶応三年一月一二日、小松帯刀は、大坂に滞在する英国公使館員ミットフォード及びアーネスト・サトウと会談を持った。この席で小松は、英国公使パークスが、天皇と直接条約を締結することを提案すれば、京都に集合する有力諸侯はこれを支持し、将軍の偽装権力を打破して権力の移行がなされるであろうと述べた。

しかし、ミットフォードは、英国は他国の内紛に関与しない旨言明し、小松の期待は空振りに終わった。

以下、話がやや逸れるが一言。

小松が言う偽装君主とは、つまり将軍権力の不法性を訴えたものである。要するに、日本は本来天皇が統治すべきで、将軍はその権力を不法に奪ったというのだ。これを論理的に言うなら嘗ての律令国家が日本の本来の正しい政治のあり方で、将軍はその権力を不当に奪ったものというものであろうか。

確かに武家政権は、軍事政権である（その証拠に行政を行う者が皆日本刀を差している！）。軍事政権の本質は、戦時の将軍のカリスマが、戦勝の連続によって実証され、これが政治権力即ち統治者に転化したものである。これは古今東西同じである。

徳川氏もその始祖家康が、関ヶ原の大勝利によって統治者としての地位を不動のものにしたことは前回述べたとおりである。しかし翻って日本では源頼朝の鎌倉幕府開府以来、武家政権が常態化しており、これを非常時の政権でイレギュラーだというのならば、日本の政治は一一九二年以来イレギュラーだったと言うに等しく、笑止と言う他はない。

武家政権はそれが常態化するに応じて、政治制度として合法化し且つ進化し続けた。そして最終的に、徳川氏によって天皇に任命（委任）された武家の棟梁たる征夷大将軍が三百諸侯を率いる幕藩体制として定着したことは先述したとおりである。

ついでながら言えば、日本では天皇が直接政治権力を行使した期間は極めて短く、奈良時代から既に藤原氏が事実上政治権力を独占していた。つまりは、尊皇思想家達が理想とし、小松がその主張の根拠とした律令制度は、早くから形骸化していたことは周知のとおりなのである。

藤原氏は律令制度にはあり得ない摂政・関白として大きな権力を振るったのだが、天皇の代理人として天皇に委任されているというのがその権力の論拠であった。摂政・関白も征夷大将軍も、天皇からの委任によってその正当性を認証されて政治を行なうのである。

日本の政治はこの委任の論理（但し、委任者は至高の権威者たる天皇でなければならない）によって柔軟に行なわれてきたと言うべきである。

ただ小松の言うような、いわばアナクロ的な発想も、幕末の尊皇思想の広がりの中で一定の支持を得ていたことも事実である。

ならば小松の論理を適用すれば、彼が属する武家の大藩である島津氏が薩摩・大隅七七万石を長年にわたって支配し続けていることも不法ではないか！　もし慶喜がこの席にいれば、このような稚拙な論理は即座に論破してしまったであろうが。

②慶応三年四月一〇日、将軍との会見が終わってなお大坂湾に留まっていたパークスを小松、西郷、大久保らが訪ねた。ここで彼らは再び将軍の権力の不当性をパークスに訴えた。即ち、将軍はここ七〜八世紀の間、大きな権力を不法に行使してきたものだというのである。これに対しパークスが何と発言したかは石井博士の名著には記載されていないが、前項のミットフォードの回答に百点の評価を与えたパークスでもあり、この薩摩の訴えには回答しなかったものと推測される。尚、この席で慶喜が兵庫開港を四国公使に宣言したことを薩摩は初めて知らされたのであった。

パークスの基本方針は内政不干渉であった。これは外務大臣スタンレーの訓令に沿うものでもあった。大英帝国の対日政策は、あくまで貿易の安定的な発展を期するものであり、内政干渉は控えようというものであった。

しかし、だからといってパークスが幕府を信頼しているという訳では決してなかった。それは兵庫開港延期事件、生麦事件、下関事件、長州征伐の敗北などで幕府が度重なる失策を続けたことにより、その主権保持能力に大きな疑問を感じざるを得なかったからである。この意味でも慶喜は、兵庫を自らの責任で断然開港すると言明することによって四国公使謁見を成功裏に収め、幕府が主権を保持していることを内外に堂々と宣言する必要があった。

③薩摩の策謀は更に続いた。即ち慶応三年四月一二日、パークスを扇動し彼をして、敦賀方面への国内旅行を申し出させたのである。これは幕府の兵庫開港宣言によって、この問題で幕府を追い詰めようとしていた薩摩の見込みが外れてしまった為、今度は外国人の内地旅行によって排外感情を引き起こして、幕府を苦しめようとする陰険な奇手であった。この事件は大きな波紋を巻き起こすのだが、詳しくは後述する。

(二) 有力諸侯を京都に結集そして四藩会議開催を企図

①さて薩摩は慶応三年一月下旬段階から早くも四藩会議を画策していた。即ち、小松、西郷、大久保は手分けして有力諸侯である薩摩島津久光、伊予宇和島伊達宗城、土佐山内容堂、福井越前松平春嶽らを訪れ説き伏せ、彼らを京都に結集させて、将軍に圧力を加えようとしたのであった。

彼らの本来の目論見は、パークスに外交について朝廷と直接条約を結びたいと言わせ、これに京都に結集した四藩が応じ、内外呼応して将軍の外交権を奪い、兵庫開港を朝廷（つまりは雄藩）主導で行なおうとしたものであった。

しかし、パークスは彼らの期待に反し内政不干渉を宣言したのであった。当てが外れた薩摩は、今度は違勅（勅許なしに兵庫開港を宣言したこと）で慶喜を責めようとしたのである。

山内容堂の上京が遅れた為、四藩代表全員が京都に揃ったのは、慶応三年五月一日であった。しかし、この時点で既に早々と慶喜は兵庫開港を宣言しており、慶喜を追求する攻撃者の迫力が減退していたことは否めなかった。

薩摩はパークスの思惑と将軍の兵庫開港宣言について、大きな誤算を犯していた。彼らはパークスに内政干渉とも言える程の発言を期待していた。しかし、パークスは慶喜が自らの責任で兵庫開港を宣言するなら何ら不満はなかったのである。勅許の有無は彼らにとってはあくまで日本国内の手続き問題に過ぎず、仮に幕府が条約不履行なら砲艦外交を展開すれば済むというのが、当時パクス・ブリタニカの絶頂期を迎えつつあった大英帝国の本音ではなかろうか。

パークスの方針を察知していた慶喜は、日本を開国に導き兵庫を開港させるのは自分を置いて他にいないという強烈な自負と責任感を持っていた。その意味で勅許は認証に過ぎず、事後承認でよいという考えであったと推測される。いや、勅許は出すべきだ、と踏み込んでいたのではなかろうか。

薩摩は今までの経緯から、慶喜が勅許無しに兵庫開港を四国公使に宣言するとは夢にも思わなかったのである。しかし慶喜は徳川家の存亡を一気に賭けて、自らの責任で兵庫開港をすることを決心していたのである。薩摩はこの大英帝国の思惑への理解が足りず、しかも慶喜の決心を推測できなかった。この目論見違いが、兵庫開港問題について薩摩が慶喜の主導権を覆すことが出来なかった主たる原因だったと考える。

②京都に集まった四藩代表は五月上旬から会議を始めた。兵庫開港の国内布告の期限は六

月七日であり、時間的余裕はもうなかったのである。

四藩会議の顛末を詳述する前に、先述したパークスの国内旅行が巻き起こした大きな波紋について述べよう。

パークスが敦賀方面に旅行を始めると、尊攘派の浪士達が大騒ぎし、これに激派の公家が呼応して遂には二条摂政を動かし、佐幕派の議奏、武家伝奏両役を罷免させた。更には、異人が京に潜伏しているとの噂が立ち、薩摩、因幡、備前の三藩に京都警護の勅命が下るという事態にまで発展した。この勅命は将軍の権威を無視するものであり、慶喜は憤激の情に駆られた。

即ち四月一八日、二条摂政邸を訪れた慶喜は極めて強硬な態度で三藩の京都警護の撤回、議・伝両役の復職及び激派公家の処罰を要求した。これに対し摂政が「左様な激命を下し候えば大動乱を醸し候は必然」と言うや、慶喜は「如何様に動乱生ずるとも苦しからず、拙者引き受け、取り鎮め申すべし」と応じ、困窮した摂政が辞意を表明すると、「御勝手次第如何にも御辞職しかるべし」と言い放ったという。

後年、『昔夢会筆記』（明治になって歴史家が慶喜を招いて質問をしながら作った歴史書）で、歴史家にこの点を問われると、「それほどではなかったと思う」旨述べていたが、やがて「お止しなさるがよいということは、言ったことを覚えている、仄かに夢のように……」と述懐している。

激派の公家は差し控えを命ぜられ三藩の警備は撤回されたが、佐幕派の議・伝両役の復職はならなかった。更に西郷らは、やがて開かれる廉前会議（朝議）を優位に導く為、反幕派の公家を議・伝両役に登用すべく、島津久光を通して盛んに朝廷に入説したが、その企ては摂政が反対した為成功しなかった。

いずれにしても、ここに幕末政局のターニングポイントとなった兵庫開港を巡る争いは、いよいよ四藩会議を経て廉前会議（朝議）へと終局に向かいつつあった。

3　四候会議の分断と勅許取得

（一）四候の京都集合

①西郷、大久保らを中心とする薩摩藩士の工作で、有力諸侯（薩摩・島津久光、伊予宇和島・伊達宗城、福井越前・松平春嶽、土佐・山内容堂）が京に集合した。容堂が入京したのが五月一日なので、四人揃ったのは五月になってからであった。

当初、薩摩藩士の目的は、パークスをして「（幕府ではなく）朝廷と直接、条約を締結したい」旨言明させ、それに呼応して諸侯会議の圧力であわよくば外交権を幕府から朝廷（即ち雄藩なかんずく薩摩）に移してしまおうという策略であった。

しかし、パークスは先述のとおり薩摩の期待通りには動かなかった。パークスは勅許云々は日本の国内問題であり、条約交渉の相手はあくまで幕府であるとの立場を崩さなかった。内政干渉を避けたのである。

パークス及びその後ろに控える大英帝国の基本方針を熟知した慶喜は、「祖宗以来の全権を掌握せしにつき、貴国と結んだ条約を一々踏み行い、兵庫を断然開港すべし」と迅速に四国公使に表明し、大きな支持を得たことは先述したとおりである。そこで薩摩が企てた次の攻撃材料は、違勅を責め立てることと、長州問題を取り上げ時間稼ぎをして幕府を困らせることであった。

しかし、そもそも四候も皆内心では兵庫開港止むなしと認めている上、慶喜が外国公使に堂々と開港を宣言しこれが支持されたのだから、攻撃する側としては迫力を欠くことは否めなかった。

②四候が打ち揃って二条城に登営したのは五月一四日であったが、この日まで久光は幕府

の再三の登営指示にも拘わらず頑として応じていなかった。「自分はもう慶喜の家来ではないのだ」と言いたかったのかもしれない。しかし他の三候が登営を勧めたので孤立する訳にもいかず渋々登営したのであった。

この日慶喜は老中を伴わず、一人で四候に対面している。これも前代未聞の出来事であった。よほど慶喜は自信があったのであろうか。要するに四人が束になっても、慶喜には敵わないということであった。果たして慶喜が兵庫開港止むなしの大弁説を振るうと、誰も正面切って反対することができなかった。

次に長州問題であるがこれは難航した。そもそも敗戦続きの長州征伐を、慶喜は勅命による停戦という形でひとまず時間稼ぎをして休戦に持ち込んでいた。勝海舟を広島に派遣して、「幕府は一変する（一言でいえば長州との宥和政策を実行するということ）から追うな」と言わせ、何とか休戦させたのであった。

しかし慶喜はその後、全く正反対の行動をした。要するに親仏幕権派の上に立って権力強化に邁進し始めたのである。慶喜が長州問題の解決に不熱心だったのは、長州を容易く許したのでは、幕府保守派の反発を買うことが目に見えていたことや、また長州が占領地を相変わらす占拠していることも釈然としなかったことによるとする説がある。一理はあるがそんな事より、慶喜にとって長州はまさに正面の敵であり、軍備が整い次第、一戦交えざるを得ない存在だという基本認識があったからだと言うべきではなかろうか。

この日の議論は平行線のまま日没になり、休憩を宣言した慶喜は自ら飲食の接待を行ない四候の写真まで撮らせている。彼らのほろ酔い顔の写真が残っている。四候が慶喜にいなされた一日と言うべきであろうか。

③話題がやや逸れるが、ここで長州について一言。

長州が、英・仏・米・蘭の四国連合艦隊に下関砲台を徹底的に破壊・占領され、しかも幕府から長州征伐を受けたことで、生き残る為に近代化を急いだことは、少し先述した。要するに観念的な尊皇攘夷思想など全く役に立たないことを、身をもって実感したからである。この後長州は一藩絶対主義にひた走り、藩内での殖産興業、富国強兵等、近代化政策に藩を挙げて邁進した。つまり徹底的に合理化政策を実行したのである。

その指導者は、高杉晋作、品川弥二郎、大村益次郎らであり、若党の伊藤俊輔（後の博文）や山県狂助（後の有朋）、井上聞多（後の馨）らが実働部隊であった。更には、勤王の志士の生き残り桂小五郎もいた。なかでも高杉晋作はまさに、大洞吹きと言えるほど気宇壮大で、しかも天才と言える程行動的な男であった。また、大村益次郎も歩兵の指導に優れ、奇兵隊の戦闘力強化に大いに力を振るった。加えて密貿易で最新式の火器を大量に入手しており、表向きは武備恭順を装ってはいたが、ひたすら軍事力を培養する長州の実力は並みではなかった。

慶喜がこの長州を打ち倒す為には、今やっと整備し始めた幕府歩兵を更に二〜三万の精鋭部隊として鍛え上げ、東洋一と謳われる海軍と呼応して圧倒的な戦力を誇示し、戦わずして屈服させるか、あるいは速やかに海陸から攻め込んで圧勝するしかなかったのである。要するに、幕府と長州は日本近代化の主導権争いの最終決着の当事者であり、慶喜は長州とは妥協する余地はなかったというべきではなかろうか。

歴史に「たら」はなく、しかも想像の域を出ないが、仮に慶喜と長州が争った場合、初戦で慶喜が圧勝すれば一戦で決着したのではなかろうか。内戦する余裕がないことはどちらも知っていたし、近代化の道筋は双方共通だったからである。意外に早々と休戦協定を結んで決着したのでないか。

仮に薩長ではなく慶喜主導で近代化を推し進めたとして、最も障害になったのは、長州ではなく、むしろ幕府内部の守旧派ではなかったろうか。差し詰め、会津藩などは近代化即ち慶喜が進める郡県制に最後まで抵抗したのではなかろうか。まあ「たら」はやめよう。脱線したついでに言ってしまおう。

長州の民謡で「男なら（別名、オーシャリ節）」というのがあるが、この民謡、長州の女達の天を衝く心意気を示したもので、誠に痛快である。

歌詞を挙げてみたい。

一番
男なら、お槍担いで、お中間（チュウゲン）となって、ついて行きたや、下関
国の大事と聞くからは、女ながらも武士の妻、まさかの時には締め襷
神功皇后さんの雄々しい姿が鑑じゃないかいな
オーシャーリ　シャーリ

二番
女なら、京の祇園か長門の萩よ、目元千両に鈴を張る
と云うて天下に事有らば、島田落として若衆髷、紋付袴に身を窶し、

神功皇后さんの鉢巻き姿が鑑じゃないかいな
オーシャーリ　シャーリ

この唄、馬関攘夷戦争に自主的に従軍した長州の女達に広まった歌である。金を湯水のごとく使い幕府財政を圧迫した大奥の女供は、長州烈女の爪の垢を煎じて飲み、はたまた彼女達の腰巻きの洗濯でもすれば、幕府は滅びなかったのではなかろうか？　いずれにしても婦人までもが、報国の従軍を行なう長州の実力は大したものであった。

ちなみにこの唄、赤坂小梅の十八番であった。最近（とも言えないが）の歌手でこれを歌えるのは、齊藤京子あたりであろうか。

赤坂小梅は、鍾馗様を思わせる風貌で、「黒田節」が得意だった。他にも「田原坂」や「おてもやん」など絶品であった。どうでもよいことだが、筆者が子供の頃はまだ彼女がテレビに頻繁に出ていた（特にＮＨＫ）。司会者が「コウメネエサン」というのだが、どこが「姉さん」なのかさっぱり分からなかった。後年「小梅姐さん」だと分かり納得したものである。もう、彼女のような歌い手は永久に現れまい。

④話を元に戻そう

五月一九日、容堂を除く三人は再登営した。この日も、久光は長州処分問題を持ち出し、この解決を先決すべしとして譲らず、議論は平行した。兵庫開港の国内布告期限は六月七日であり、慶喜としては国内問題に時間を割く余裕などある筈がなく、長州処分と兵庫開港の後先（あとさき）問題は絶対に譲れないところであった。春嶽が妥協案として同時解決を持ち出し、慶喜はこれに乗る形を見せ一応の妥協をみた。

しかし同時解決が保証され、しかも長州の処分に関しては「寛大に」という以外、何ら具体案を示せという訳ではなかったのだから、慶喜としてはどうにでもなる案であった。これには容堂が深く関与していた。

⑤容堂の行動

容堂は、薩摩藩士の陰険な反幕行動を快しとせず、薩摩の反論を封じる形で、慶喜が堂々と兵庫開港を行なうことを期待した。そのために、「まず、摂政亭に将軍及び四候その他が出向いて下話をする。その上で慶喜が参内し、勅許を得る」ということを、五月一五日に春嶽に提言した。

これは、「開港事件の切迫なるを奇貨として窃に幕府の失策を希望する姦人」が「姦をなす」のを防止する密策として、春嶽に打ち明けたものである。姦人とは言うまでもなく薩摩藩士を指している。春嶽はこれを「上策」として、即座に賛成している。

このあたりは文献が少なく実に読み取り難い。ただ、慶喜はこの策に乗って行動し、一九日、三候と面談した際も四候に摂政亭に同行するよう促したのであった。しかし、久光は予想した通りあくまで反対したので、ここに四候会議は分裂した。容堂はこの分裂を狙っていたのかもしれない。彼は四候会議の見通し(しかも分裂するという見通し)がはっきりすると、朝廷の許可を貰い土佐への帰藩を急ぎ、激派の憤激を買った。

この四候会議は初めから分裂の要素をはらんでいた。そもそも四人の思惑が異なっていたこともあるが、何よりも薩摩藩士のパークスの動向への読み違いが誤算の全てであったと言えよう。この点では、現に外交を担当する幕府側の方が状況分析に優れていたと言える。

(二) 兵庫開港勅許

果たして、四候会議の分裂は、慶喜に兵庫開港を強行する大いなる自信を与えたのであった。要するに大名達がまとまって反対しなければ何とかなると判断したのである。

慶喜はこの好機を逃さなかった。即ち、五月二三日午後二時、所司代・老中らを従えて参内した慶喜は、長州への寛大な処置と兵庫開港とを順を追って述べ、両者同時に勅許されたいと要請した。

『明治維新の国際的環境』によれば、午後八時から開始された朝議で、彼は「一心決定の上の参内之義故幾晩徹夜仕り候とも不苦、勅許の有無拝承仕り候までは更に退出致さず」とあるように、流れるような能弁で演説し、その後書見するという傲然たる態度を示したという。

二条摂政は、幕府の強硬な態度と激派の公家の間に挟まれて、何ら決断を下し得ないまま翌二四日となり、遂には総参内の命により、続々参内した公家達が様々な名論を述べた。なかでも反幕派の巨頭大原重徳、中御門経之らの兵庫開港反対意見は強硬で、「兵庫開港を許さざるは先帝のご遺志である」と主張して譲らなかった。

これに対し慶喜は、「足下の如き、旧事記、日本記、年代記様の議論にては当今の事少しも間に合い申さず」と相手を愚弄し切った答弁を敢えてし、全然取り合わなかったという。更に、その他の公家の議論に対しても「一々ご説得」というように、一人能く八方に当たるという奮闘ぶりであった。

要するに慶喜は、大名の意見も公家の意見をも「天下の政権御委任の将軍」たる自分が全ての責任を持って決定するのだという不動の態度を堅持したのであった。

これに対し、優柔不断な二条摂政は何ら決断を下し得ないまま、この日も夕暮れが迫り、一同徹夜の会議で疲労困憊する中、慶喜は突然、「こうまでしても朝議決しなければ、これより退出する」と脅迫的言辞をもって迫った。これで公家達の抵抗の気力が失せ、遂に午後八時、兵庫開港の勅許が出された。慶喜は午後一〇時頃、有志の公家が悲憤嘆息する中を「堂々然」と二条城に還御したという。

この一昼夜三〇時間に亘る奮闘ほど慶喜の能力を示したことは他になかった。慶喜は、薩摩が一昨年九月この方、倒幕の切り札としていた兵庫開港問題という極手を見事に封じ込め、しかも堂々と兵庫開港の勅許を手にしたのであった。この勝利は誠に大きかった。

この知らせを聞いたロッシュの喜び様は並々ではなく、「上様の果断は凡慮の及ぶ所に御座無く候」と喜んだという。

遂に幕府は慶応三年六月六日、長年の懸案事項であった兵庫開港・大阪開市を慶応三年一二月七日に行なう旨、堂々と布告したのであった。

（三）慶喜への批判と不満

さて、世論とは難しいもので、この勅許獲得には大きな批判や不満が噴出した。伊予宇和島の伊達宗城は、「大樹公今日の挙動、実に朝廷を軽蔑の甚だしき、言語に絶し候」と批判した。果たしてそうであろうか？

そもそも公家達は、京都に近い兵庫の開港を本能的に望まなかった。異人の侵入を嫌悪したのであろう。その代表が、怖れ多いことだがお隠れになった孝明天皇であった。元来公家達は生来保守的で変革を望まなかった、というより世の中の変化に対応したくなかったのであろう。

しかし、兵庫開港は国是であり、慶喜としては如何様にしても勅許を取得するしかなかったのである。頑迷固陋な公家達こそ非難されてしかるべきではなかろうか。しかも一部公家達は薩摩と通じて政治的に慶喜を困らせようとしていた訳であり、感情的な攘夷論より更に狡猾であるとさえ言えた。だから朝議の場でも、大原重徳の「有志と事を共にすれば憂うるに及ばず」の強硬論が出たのである。

これに対し慶喜が、「有志とは、浮浪の徒ではなく、定めて大藩なりしが、天下の政権御委任の将軍を差し置き、卿らと事を共にする藩とは如何なる藩にて候や」と満々たる闘志で応酬したのも頷けることである。言うまでもなく有志とは薩摩を指している。

次いでながら伊達宗城は朝議に参加はしたが、慶喜の弁舌に太刀打ちできず自らの無力を嘆いたほどであった。しかも、薩摩を通じて自藩の産品を売り捌いて貰っていたので、慶喜批判をするしかなかったのであろうか。

また、近年ユニークな視点で慶喜を論じている家近教授も、勅許取得に向けた慶喜の行動には批判的である。慶喜が諸藩に兵庫開港を諮問しておきながら、その答申を待たずに四国公使に兵庫開港を宣言したことについて、「堪え性のない性格」だと批判している。

しかし、そもそも当時は諮問すれば答申まで必ず待つという制度が確立していた訳ではなかった。何よりも薩摩は、四侯会議の開催を計画し、有力大名の意見を集約して慶喜に圧力を加えようと画策していた。

また教授は、慶喜が「他の大名もほぼ自分の意見と同じである」と朝廷に言上したことを、薩摩が慶喜に利用された、と怒った旨記述し、これに賛成するかのようである。しかし薩摩は、先述したように自藩の意見を早くから表明し、加えて、四侯会議で慶喜を困らせようとしていたのである。

この薩摩に、慶喜の手法を非難する資格があるのであろうか。薩摩が慶喜の言動を非難するのは、まるで任侠世界の人達が、「仁義の切り方が悪い」といって出入りにまで及ぼうとするのと同じ論法で、国政に関わる者の論理としては、実に野暮ったく且つ泥臭いというべきである。

要するに薩摩は、わずかな手違いであろうと手続きの瑕疵であろうと何であろうと、慶喜を非難する材料を探していたと言うべきではなかろうか。

(四) その後の政局と兵庫開港決定の位置付け

①慶応三年五月二三日の慶喜による兵庫開港の勅許取得と、同年六月六日の兵庫開港・大坂開市の布告は、その後の政局に決定的な影響を与えた。

即ち、まず朝廷では急進派の公家達の間で慶喜排斥の動きが見られ、王政復古派が台頭し始めた。

何よりも決定的な動きは、非武力的手段による倒幕が不可能だと悟った薩摩を中心とする反幕派は「倒幕」から武力による「討幕」へと運動方針を切り替え、長州との連携を強化し始めたことであった。

しかし、方法論として「倒幕」が不可能だから「討幕」だというのは分かるが、だからといってそもそも幕府を倒さなければならないということにはならない。幕府を倒すにはそれなりの理由が必要である。

従来の書物では、慶喜の能力が高すぎて非武力的手段では彼を倒せないので討幕になったという面が強調されすぎて、なぜ幕府を倒さなければならないのかの本質的議論がなおざりにされている。これは歴史家にとって、討幕が必然だったという無意識の結果論が前提に立っているからであり、そのために、討幕の必要性についての検討がなされないのであろう。笑止と言えまいか。

②兵庫開港・大阪開市の歴史的意義

以前にも少し述べたが、兵庫開港の経済的効果は決定的であった。何しろ三年後の関税収入が軽く百万両と見込まれていたからである。元治元年の幕府の（関税収入を除く）歳入が約八百万両であったことを考えれば、この百万両は、圧倒的に幕府に有利であった。

親仏幕権派の巨頭にして勘定奉行の小栗忠順は、まさにこの日を待っていたと言える。横浜では輸出品を諸外国に買い叩かれていたので、鴻之池や三井を中心とする金融・商業資本を動員して、兵庫商社を結成させて外国に対抗し、しかも幕府による貿易の独占を計画したのである。

更に小栗は、兌換紙幣の発行まで計画していた。これが実現すれば幕府は完全に立ち直ってしまう。即ち、圧倒的な財政力を背景に軍事力を整え、日本全国を郡県制にするという最終目標が完全に見えてくるからである。そうなれば長州は敗北する他なく、薩摩も幕府の主導権を崩すことは不可能になる。

このような将来が見えてきたからこそ、反幕派は討幕を急いだというべきである。要するに日本近代化の主導権争いはここに至り、幕府対薩長という図式に純化されていったのである。まさに兵庫開港の決定こそ、幕末政治のターニングポイントそのものであった。

第四章　国際環境の悪化と借款の不調

1　初めに

四国公使への兵庫開港の宣言と勅許取得は、将軍慶喜の大きな政治的成功であった。しかし政治とは儘ならないもので、皮肉にもこの六月六日の国内布告を境として、慶喜の政治的立場は急速に悪化していくのであった。

まず、フランスの対外政策の変化と、それによる借款の不調である。次に彼が最も頼りとしていた謀臣原市之進の暗殺、最後に急速に進む討幕勢力の結集だった。

慶喜は、日々刻々と変化する彼を取り巻く状況の推移を捉えつつ、日本国の独立と内乱の防止を至上命題として日夜苦悩していたものと推測される。

2　まずナポレオン三世の外交政策の推移について少し述べてみよう

フランスはナポレオン三世のいわゆる第二帝政になってから、対外的積極策を推進した。皇帝はその求心力を高める為にも、外征でその名声を勝ち取ることを希求したし、折しも、彼が帝位に就いた一八五〇年代はフランス産業革命の完成期であった。産業資本の発展と彼の野心は対外進出という目標で一致していた訳である。

彼が手始めにやったのはアルジェリアの撫順と更に南のサハラへの進出であった。この広大な地域をフランスの植民地としたのである。百万人のフランス人がアルジェリアに進出したが、（「コロン」と呼ばれた）彼らは原住民の土地を奪い、その民族性や習俗を無視し徹底的に搾取することに貪欲であった。

時は百年下り、第二次世界大戦後、アジア・アフリカの民族独立運動が高まり、アルジェリアでも独立運動が激化した。アルジェリアの独立に絶対反対したのはこのコロン達であった。そしてこの問題を解決できるのは、英雄ドゴール将軍だけだった。彼は愛車シトロエンを独立に反対するテロリストに爆破されるという事態の中で、一九六二年、アルジェリアの独立を認めたのであった。百万人のコロン達が故国フランスに逃亡することを余儀なくされた。

次いでアジアに矛先を転じた皇帝は、まずインドシナ半島へ進出した。即ち、一八六二年、コーチシナを植民地化し、カンボジアを保護国として後年の仏領インドシナの原型を作ったのである。更に清国に対しては一八六〇年、アロー号戦争を続行する英国の誘いに応じて参戦し、北京まで進出した英仏連合軍は乾隆帝がこよなく愛した円明園を徹底的に破壊し、略奪の限りを尽くしたのである。日本にもこの情報は当然伝わっていた筈であり、当時の一橋慶喜も「英仏恐るべし」の衝撃を受けていたと推測する。

彼の外征は、このあたりまでは順調だった。しかしその躓きのきっかけは、メキシコ干渉の失敗であった。メキシコは独裁者が倒れて民衆が蜂起し、民主化のリーダー、ファレスが大統領になっていた。ここに目を付けたナポレオン三世は、オーストリア皇帝の弟マクシミリアンを押し立てて傀儡政権を作り（一八六三年）、いわゆるメキシコ干渉を行なったのであった。

しかし、この企ては結局完全に失敗し、マクシミリアンは人民裁判に掛けられて銃殺される（一八六七年六月）という最悪の結果となり、ナポレオン三世の権威も大いに失墜したのだった。また、これによってオーストリアとの関係も悪化した。

以下は余談だが、このメキシコ干渉を題材にした映画「ヴェラクルス」は、アクション映画の大傑作だった。南北戦争に敗れた南軍将校という触れ込みのゲーリー・クーパーとならず者のバート・ランカスターが、この動乱のメキシコに乗り込んで一儲けしよう、という設定だった。無駄なく素早いテンポの中で繰り広げられる二大スターの丁々発止の遣り取りが実に痛快だった。そしてクライマックスのラストシーンでは、馬車に積んだ金塊を独り占めにしようとするバート・ランカスターと、「その金塊はメキシコ国民のものだ」と言って、これを阻止しようとするゲーリー・クーパーとの、まことに絵になるような早撃ち比べの決闘になり、勿論、我らのゲーリー・クーパーが勝利するのだった。

話を本題に戻そう。

一八六六年に勃発した普墺戦争終結後、ナポレオン三世は、中立を守った代償としてプロイセンに対しライン左岸の割譲を要求したが、稀代の英傑宰相ビスマルクに「宿屋の勘定書」と一蹴され相手にされなかった。次いでルクセンブルク併合の野心もビスマルクに阻まれ、第二帝政は完全に下り坂に向かっていった。

フランスのプロイセンに対する敵意はいよいよ強くなったが、ビスマルクはドイツ統一の最後の障害がフランスであることを早くから認識し、対仏戦争を「歴史的帰結」と位置付け着々と外交・軍事両面から準備を進めていたのであった。

こうして、否応もなくプロイセンとの戦機が高まる状況の中、第二帝政の対外政策は縮小せざるを得なかったのである。

3　フランスの対日政策の変化

慶喜による四国公使謁見が無事に終わって、その陰の立て役者とも言うべきロッシュの興奮も醒めやらぬ慶応三年四月五日、彼は新任のフランス本国外務大臣ドゥ・ムスティエの詰問的訓示を受けた。ロッシュの全面的支持者であった前任外務大臣ドルーアン・ドゥ・リュイスは、既にメキシコ干渉の失敗から引責辞任をしていた。

実は前年、来日したフランス経済使節クウレと江戸幕府は協約を締結していた。その内容は、まず六〇〇万ドルの借款契約の締結（八月二〇日）、そしてその見返りは主に生糸の独占輸出等であった。

この目的のため、幕府側は特権商人が出資する「航海・商業大会社」を設立し、フランス側はこれらの目的を遂行する窓口として、目下設立中の「フランス輸出入会社」を充てる予定だった。この二つの会社の関係に関する契約も、九月下旬に締結されていた。第一章で「小栗が上京した」と記述したのはこのことである。

ところが、イギリス議会はこの契約の後者の部分について、つまり日仏巨商会社の設立について、日仏政府が貿易を独占する意図を持ち自由貿易の原則に反するのではないか、として審議に取り上げたのである。

ドゥ・ムスティエはまずこの点をロッシュに糺したのだった。次いでロッシュに対し、最終的勝利が疑わしい幕府にのみに肩入れするのではなく、パークスのように西南雄藩にも接近する方が賢明であるとの考えを示したのであった。

この訓示は、今ロッシュが進めている対日政策を全面否定するものであり、到底彼の受け入れられるものではなかった。果たしてロッシュは激しい反駁と弁明を行ない、自己の政策が正しいことを猛烈に主張したが、これ以降のロッシュは本国の支持のない根無し草的な存在になってしまうのであった。

なぜ新任外務大臣は、ロッシュを詰問したのであろうか？　確かに日仏巨商（それも国策会社といっても間違いではないほど）による商社設立に、イギリスが抗議することは予想されたことである。しかし西南雄藩への接近は、前任のリュイスからは何ら指示されていなかったことであり、ロッシュの政策は本国フランスでも支持されていたのである。

具体的に言えば、日仏巨商による商社設立も六〇〇万ドルの借款も、前任の外務大臣ドルーアン・ドゥ・リュイスの承認を受けており、更にリュイスは西南雄藩に接近するパークスの行動に対し、英国本国の外務大臣を通じて警告まで出している。ロッシュは確かに突出して幕府というより慶喜を熱烈応援していたが、本国の支持がなかったのではない。

近年、フランス本国はさほど幕府を支持していた訳ではなく、ロッシュの独断であった、という意見が散見される。確かにロッシュは突出してはいたが、本国が幕府を支持していなかったというのは、客観的に見て妥当でないと考える。

それは、フランス本国が征長戦のさなか一六門の最新式大砲を幕府に供与したこと、また軍事顧問団を幕府に送り込み、更にはフランス人ヴェルニーによる横須賀軍港建設を承認したこと等により明らかである。何よりも徳川慶喜に送られたナポレオン三世の軍装が幕仏間の親密さを物語っているのではなかろうか。第二帝政が積極的な東アジア進出の過程において幕府支持に傾いたと見るのが妥当と考える。

第二帝政の幕府支持の理由は他にもある。一九世紀後半、フランスでは主たる産業の養蚕業が蚕の微粒子病で壊滅的打撃を受けていた。奇跡的に日本産蚕のみがフランスに持ち込んでも病気にならず、フランス産業界は日本の蚕を喉から手が出るほど欲しがっていたのである。将軍家茂の時、友好の証として最良質の蚕種千五百枚をフランス皇帝に贈与するという申し出をしたほどであった。

この意味からも第二帝政の最後の拡張期のフランスは、幕府支持を一段と強化したのである。ちなみにフランス軍事顧問団団長のシャノワーヌ陸軍大佐は後に陸軍大臣になり、同じくナンバー2のブリュネイ大尉は函館戦役にまで幕府に付き合い、帰国後参謀総長にまで昇り詰めた。要するにフランス陸軍最高の軍人達が、日本の軍事顧問をしていたのである。この一事をもってしても、第二帝政が幕府を支持していた証拠と言えよう。

面白いことに、このフランスの幕府不支持説と同様に、「英国は従来言われていた程薩長寄りではなく、自由貿易確保が至上命令でこの目的に沿った行動をしただけだ」という説がある。しかし、例えばパークスが幕薩間の緊張が高まる中、薩摩を訪問するということ自体が薩摩に利する行動であることは明らかであり、パークスの個人的意図がどうであれ、幕府に不利なことは明々白々であった。何よりも新任外務大臣ムスティエがロッシュに対し、「パークスに倣って、西南雄藩にも接近するように」と両天秤政策を勧めていることからして、英国が西南雄藩に利する行動を取ったことは明らかであろう。

更に言えば、英国が主張する自由貿易の理論は確かに万国共通の真理のようだが、やはり最強国の身勝手な理論武装と言えなくもない。財政難に喘ぎ西南雄藩と今、雌雄を決しようとしている幕府が生糸を独占的にフランスに輸出して、その場を凌ごうとする保護貿易的誘惑に負けそうになったとしても、筆者は到底それを非難できない。

いつの時代も大国の論理は、確かにグローバルで妥当なように見えるが、それは自国最優先の目的から生み出された都合の良い論理であることも確かである。

極論すれば以下のとおりと言えまいか。

産業革命を経て、世界最大の工業生産力と世界最強の価格競争力を誇る英国は「自由貿易」を唱えるだけで、自国の利益を確保出来たのである。そして、その自己主張を貫徹する為に、世界最強の海軍力を常に維持し世界に雄飛したのである。

しかし当時の日本経済は、そもそも産業革命以前の前近代的生産手段しか持たず、この大英帝国の自由貿易論理を持ち込まれること自体が、無理難題なのであった。大国はいつもエゴイストなのである。

ちなみに大英帝国の国是は、世界で第二位・第三位の海軍国が連合しても、これを打ち破る海軍力を保持することであった。この国是は、二〇世紀になってドイツ海軍が大軍拡をしたことにより、対独三五%の優位に甘んじなければならなくなるまで続いた。いかに大英帝国が海軍を重視したかが分かる。

余談だが、英独両大国はほぼこの戦力バランスで第一次世界大戦に突入したが、やはり数世紀に亘り世界最強の海軍国として七つの海に君臨した大英帝国の優位は揺るがず、ドイツ海軍はキール軍港に閉じ込められた状態で終戦を迎え、鬱屈した水兵達が暴動を起こし革命勃発の発端になった。

話を元に戻そう。

ではなぜフランス本国は対日政策を転換したのであろうか。答えは明白である。最初に記述したように相次ぐ外交の失敗から第二帝政は対外政策を縮小せざるを得なくなったのである。普墺戦争以降の欧州情勢、何よりも近づきつつあるプロイセンとの戦雲が、第二帝政の極東政策を萎縮させてしまったのである。

4　対仏借款の行方

では肝心の借款はこの先どうなったのであろうか？

（一）薩摩の奇策

徳川慶喜の名代として、弟徳川昭武がパリに到着したのは慶応三年三月七日であった。パリ万博会場を訪れた昭武は、驚くべき光景を目の当たりにし、絶句する外なかった。

廊下を隔てた向こう側に何と、「薩摩琉球国」を名乗る薩摩藩の出品があるではないか！これでは、日本にあたかも二つの国があるかのようである。幕府の抗議で琉球国の看板は降ろしたものの、「薩摩太守」と名乗ったのである。この表示さえも日本は当時のドイツのように連合国家であるかのような印象をフランス人に与え、幕府は完全な日本代表ではないかのように受け取られた。

また薩摩は、大君はミカド（天皇）の権力を不当に簒奪したものであり、本来の日本の主権者は天皇のみであるという反幕宣伝を盛んに行ない、パリ・ロンドンの有力新聞にこれを掲載した。日本の政争を遠く欧州フランスにまで持ち込んだのである。しかも宣伝戦という意表を突くやり方であった。

この巧妙ではあるが、むしろエゲツないとも言うべき奇策を何故海外遠征してまで行なったのであろうか？ その解答は明白である。薩摩は、ひたすら借款を阻止したかったのである。

対仏借款成立直前の慶応二年五月二八日、幕府側責任者の小栗忠順は久しぶりに登城した勝海舟を別室に呼び、「最極秘の情報としてこの借款の成立が近いことを打ち明けている。そして徳川絶対主義による郡県制を推進し、これに逆らう長州を討ち滅ぼし、薩摩も日ならずして討ち果たす旨述べている。また、それが成就するまでは、いかようにしても金銭の遣り繰りを行なうのだと豪語したのである。

薩摩がこの極秘契約をいち早く察知したのは、多分勝からの情報ではなかっただろうか。勝は以前から西郷らと親しく、思想的には公議政体論者でつまるところ宥和派である。彼は日頃から小栗等の強硬路線を快く思っていなかった。

慶応二年五月末の段階ではまだ幕薩間が一触即発の緊張状態というほどではなかったので、多弁な勝がつい口を滑らせたのではなかろうか、と推測したら勝に失礼であろうか。「勝はこの時点で日本の為に大所高所からものを考えて薩摩にこの情報を流した」と評価すべきであろうか。それを肯定することは「勝を神に近い存在だと評価する」のと同じである。いずれにしても薩摩が大きな危機感を持ち、借款阻止のため、なり振り構わぬ行動を取ったということである。

勝も勝だが、何故に小栗はこの情報を勝に伝えたのであろうか？　勝は海軍奉行に復職したとはいえ、当時はその盟友大久保忠寛と共に主流派から完全に外れ、江戸幕府は親仏幕権派が主流であった。しかも勝は前述したように西郷らとパイプがある上、極めて多弁である。何よりも勝と小栗は思想・信条が全然異なるのである。小栗程の人物が何の目的でこの極秘情報を勝に流したのか。筆者は全く理解不能である。

ちなみに、戊辰戦争の際、幕府側で処刑された高官は近藤勇と小栗忠順のみである。近藤は新撰組局長として武闘派の最前線で活躍し、反幕派の浪士を斬りまくったし、何よりも彼は武人である。これに引き替え、小栗は全然血なまぐさいことをしておらず、しかも文官である。

やはり、後述する薩摩藩江戸屋敷の焼き打ちを指示したこと、更には何よりも、この借款で薩摩を滅ぼすことも辞さない決意を示していたことが、西郷らの大きな恨みを買ったのではなかろうか。

(二) 栗本鋤の渡仏と進まぬ借款

さて、なかなか進展しない借款に不安を募らせたロッシュは、栗本鋤をフランスに派遣して状況を打破することを幕府に提案した。即ち、パリ・ロンドンの新聞に日本の支配者は大君(将軍)で、ミカドは七〇〇年この方政治に関与していないことを広く知らしめることと、更に蝦夷地の諸物産の開発権を抵当に入れて借款交渉をすることであった。この極めて重要な密命を帯びた栗本は、慶応三年六月にフランスに渡った。

慶応三年八月一七日、パリに到着した栗本はクウレ等と何度も折衝したが、借款ははかばかしくなかった。そして結局借款は成立しなかった(尚、正式破談は慶応三年一二月)。

その直接的理由は、フランス輸出入会社の設立が挫折したことによるものである。要するに、株式を募集したが応募が極端に少なく、資本金が集まらなかったのである。

この理由はいくつか考えられる。当時ヨーロッパを襲った不景気により、メインバンクたるソシエテ・ジェネラルの経営が悪化したため融資を渋り始めたとか、メキシコ干渉失敗により、投資家が遠隔地投資に不信感を抱いたとか、あるいはまた英国の抗議に及び腰になったなどである。勿論薩摩の妨害工作も影響したものと思われる。

しかし、やはりそれらを含めて第二帝政の政策変更が痛手になったのでなかろうか。なぜなら、この借款は「フランス輸出入会社」の成立が前提となっており、この国策会社とも言える会社の設立に、フランス政府が及び腰になったことが最大の理由と推測されるからである。

九月一三日、栗本と駐フランス公使格の向山一履が連名で外国奉行に送った書翰や、また九月二三日、栗本が外国奉行川勝広道に送った書翰では、精力的に交渉するも借款が進まず難渋していることを報告している。

(三) いくつかの疑問

ところで、この借款の構造は極めて分かりにくい。そもそも貸し手はフランスの大銀行ソシエテ・ジェネラルであるが、無条件に融資するのではなく、先述したように「フランス輸出入会社」の設立が融資の条件であった。何故こんなことをしたのであろうか？　そもそもこの契約そのものが極秘契約である故、契約書が残っていない。だから余計分かりにくい。

以下は筆者の拙い想像であるので、笑読してほしい。

まず借款六〇〇万ドルの使途であるが、これは完全に軍需資金というより戦争資金である。これが例えば道路・鉄道、造船所、製鉄所といったインフラ整備の資金であれば、その設備が整いさえすれば、収益を得ることが出来るから債権者も貸付金を回収出来る。しかし戦争費用は戦争に勝って敵地を分捕ったり、領地を削ったり、あるいは賠償金を取得したりしない限り収入は入らないから返済ができない。

つまり債権者は貸付金を回収出来ない。もし仮に戦争に負けたら回収不可能になる。ソシエテ・ジェネラルはこの点を危惧したのではないか。だから確実に回収する為にも子会社を設立し、その利益で貸付金を回収することを考えたのではないか。その具体化として「フランス輸出入会社」と日本の「航海・商業大会社」が主に生糸の取引をして、その利益から貸付金を回収することを企てたのではなかろうか。

つまり日本側はこの国策会社の収益で、借款の返済に充てることを目論んでいたのである。そのための手段として小栗等は生糸の専売制を計画していたが、実はこの専売への移行も農民の反対でかなり難航していたようである。

栗本が蝦夷地開発権を担保にすることを提案しても、返済の目処が立たないと銀行は貸付をしないものである。これはどんな高価な担保があっても同じである。貸し手のソシエテ・ジェネラルが無条件に幕府に融資するのではなく、輸出入会社の設立を条件としたのはこうした理由からではなかったか。そして子会社の設立は第二帝政の対外政策の変更によって、その援助を受けられないまま頓挫したのである。

筆者が更に分からないのは、「幕府債」あるいは「日本国債」なる用語を用いる文献を散見することである。もし幕府が国債を募集しようとしたのであるなら、この契約は借款ではなく、ソシエテ・ジェネラルは日本国債を取り扱う単なる幹事証券に過ぎなくなるのではないか、などとあれこれ拙い憶測をしている。いずれにしても、この借款の構造は実に分かりにくい。

総じてこの問題については、正面から詳しく取り上げた文献があまりない。幕末政局の帰趨を決した決定的事件であるにも拘わらず、歴史家はこの点に極めて疎く且つ鈍い。何故か？　歴史家が経済・財政に疎いのか？　契約書が存在しないので取り上げにくいのか？　外国に金を借りたことが恥辱なので、知らぬフリを決め込んでいるのか？　いずれにしても不満の限りである。

(四) 借款不成立と慶喜の判断

慶応三年七月一八日、駐フランス公使格向山一履は、ロンドンより勘定奉行小栗忠順宛に電報を発信した。「クウレより金あらす直オリエンタルバンクにて為替を組むべし」とである。

徳川昭武一行がクウレに旅費の支出を頼んでもすげなく断られてしまい、ロンドンで旅行資金に窮し、切羽詰まり当時の最新ハイテク通信の「電報」にて至急旅費を送るよう小栗に要求しているのである。クウレは慶応三年正月三日、日本を去る際、徳川昭武一行の欧州滞在費支弁を小栗に請け負っており、このクウレの豹変には小栗も驚かざるを得なかった。また向山は、このあとすぐ七月二七日、外国奉行一同に宛てた書翰では「再々及掛合候へ共、六〇〇万弗御約定全く瓦解の姿と相成……」と報告している。要するに借款が頓挫していることを報告しているのである。

九月一三日に栗本が外国奉行に送った書翰は電信ではないだろうから、日本に届くには五〇日程かかる。しかし徳川慶喜は、信頼する弟が欧州で金策に事欠き苦労していることを、向山が打った七月一八日発の電報で知っていた筈である。要するに将軍慶喜は、前年に成立した借款が一年経っても遅々として進まない状況を正確に把握していたものと思われる。

借款が正式に破談になったのは一二月になってからであるが、怜悧な慶喜は政治家としての直感から、借款の先行きに見切りを付け始めていたのかもしれない。この借款の不調は、その後の慶喜の政策選択の余地を大いに狭めることとなる。つまり軍事力を短期で培養することが財政面から難しくなったのである。

彼の政治的本音は、数年掛けて二〜三万の幕府歩兵を整えて、戦わずして薩長を屈服させる戦略だったのではなかろうか？　しかし、この時期既に反幕派は討幕運動を本格化し始めており、どちらが覇権を握るか、時間との闘いになっていたのである。こうした状況の中で借款の不調という事態に至り、薩長との武力対決を財政面からも先延ばしにしなければならないという、まことに不利な事態に直面しなければならなくなったのである。

要するに借款の不調は、将軍慶喜が慶応三年一〇月一四日決行した「大政奉還」の決定的判断材料の一つになったと筆者は推測する。

余計なことだが、こうした判断力は、極めて優秀だが官僚である小栗よりも政治家である慶喜の方が優れていたのではなかろうか。

向山一履は当時余り評価されていなかったようだが、幕末政局を左右する超弩級の情報を日本に送り続けていたのであった。

尚、借款が正式に破談になった一二月、小栗はロッシュに「大失望」と言って落胆することしきりであったが、勝はこれを後にロッシュから聞いて「たった六百万ドルで青くなった」と冷笑している。当時の勝が火の車の幕府財政に全く疎かったのか、それとも明治になってからの勝の話なので、彼がいよいよその口を軽くしたのか？　筆者には分からない。ただこの言葉には不愉快な印象のみが残る。

（五）武器等の発送

しかし借款が不成立でも、フランスから武器・軍需品等合計七二万ドル分が発送された。これは借款契約と同時になされたもので、この分は履行されたのである。しかし、これらが横浜に到着したのは慶応三年一〇月であった。幕府は支払いの原資が足りず、三〇万ドル相当分を受け取ったようである。この中には最新式の後装シャスポウ銃が含まれていた。この銃が鳥羽伏見の戦いで使用されたかどうかは依然として不明である。

遠い異国フランスのパリで幕府倒壊の知らせを受けた栗本は、悲憤の涙に暮れた。更に追い打ちを掛けるように、帰国した栗本は盟友小栗忠順の斬首を知らされたのであった。歴史とはむごいものである。

第五章　高まる討幕運動と謀臣原市之進の死

1　討幕運動の高まり

（一）薩摩藩を中心とした討幕派の動向

徳川慶喜による兵庫開港の宣言を契機として、討幕運動が急速に高まっていった。四藩会議の分断は薩摩側の完敗であったが、西郷らはこの敗北により思わぬ収穫を手にすることになった。それは島津久光が幕府への反感を深めたことであった。

保守的な久光は従来から公議政体論者であり、必ずしも討幕に肯定的ではなかった。しかし、兵庫開港による貿易の利益を幕府に独占されることへの危機感、そして何よりも度重なる慶喜への政治的敗北が、彼の反幕感情を強めたのであった。これによって西郷らは日本最強の薩摩兵児を、以前にも増してその傘下に組み込むことが可能となったのである。

慶応三年六月一六日、久光は長州の山県有朋と品川弥次郎を引見し、続く七月、村田新八を山口に派遣し、これからは長州藩と協力してやっていきたいとの考えを伝えた。これを受けて長州藩主の毛利敬親は、品川らを上洛させて薩摩側の真意を探らせることになったのである。そして八月一四日には、有名な西郷の挙兵計画が長州側に告げられた。

同年八月一九日、大久保一蔵は山口で長州候父子に会い、薩長二藩出兵協定を結んでいる。しかし、薩摩藩の国元では自重論も根強く、必ずしも藩論が「討幕」で統一している訳ではなかった。これは長州にしても同様で、禁門の変の苦い経験から藩内拠守の自重論も根強かった。

(二) 長州藩の軍事力培養

長州が密貿易を通じて近代兵器を大量に購入し、その軍事力をひたすら培養してきたことは以前述べた。この近代兵器を売りつけたのは、スコットランド出身の英国商人トーマス・グラバーであった。しかし、長州は朝敵となっていて表舞台に立つことが出来ない。そこで長州は自藩の船舶を薩摩船籍とし、薩摩がグラバーから武器を買い付け、これを下関に運搬し長州が代金を支払うという方法をとったのである。

この運搬を生業とした男こそ、誰あろう坂本龍馬その人であった。グラバーは死の商人だから、龍馬は差し詰め死の商人の手先といってよいのではないか。日本中が彼をもてはやす昨今、龍馬を批判するのはやや気が引けるが事実は動かし難い。

また、例の「船中八策」を彼の独創的発想として世間は持てはやしているが、当時の知識人なら皆イギリスの議会制度や内閣制度を知っていたのであり、彼一人がこれを編み出した訳でも何でもない。

グラバーについて言えば、節操などまるでない金のためなら何でもする恐るべき商人であった。彼は長州に百万ドル位ならいつでも用立てすると豪語している。しかし当時のグラバー商会は赤字であり、そんな金を用立てることが出来るとは考えにくい。

時あたかも馬関攘夷戦争の巨額の賠償金を幕府が支払わされ、財政難に喘ぐ幕府は後述する慶応元年九月の四国連合艦隊大坂湾侵入事件がきっかけで、翌慶応二年五月の江戸協約において関税自主権を放棄し、一律五パーセントの関税率を呑まざるを得なくなったのであった。大英帝国がこの多額の賠償金を取得した時期と、英国商人のグラバーが百万ドルを融資すると持ちかけた時期が、全く同じなのも偶然の悪戯であろうか。

筆者は以前、関税自主権を放棄した幕府の外交は全く自主性のない無策そのものであったと漠然と認識していたし、あまたの歴史書もそのように記述している。しかし真相は、無責任な攘夷戦争をやった長州の後始末をさせられた幕府が、その代償として関税自主権を失ったというのが実態である。

長州は、幕府を困らせることにおいては天才的であった。この指導者が誰あろう高杉晋作である。その手始めが、品川に新築したばかりの英国公使館焼き討ち事件であった。無邪気な若者の攘夷運動と言えばそれまでだが、その後、孝明天皇の石清水社行幸を強行し、次いで大和行幸を尊攘派の公家と画策し、これが文久三年の八月一八日の政変で否定されるや蛤御門の変を引き起こし、更にその極めつきが馬関攘夷戦争、そしてそれに続く第一次及び第二次の長州戦争であった。幕府は最後まで長州に翻弄され続けたのである。

しかし長州は、先述したように薩摩と行動を起こすことには抵抗感があった。それは蛤御門の変で敵対したことで、対薩摩不信感が長州ではなかなか拭えなかったからである。

(三) 土佐藩の動向

こうした倒幕派の動きに危機感を持った土佐の後藤象二郎は、従来からの公議政体論(雄藩連合)を更に一歩進め、大政奉還によって幕府に譲歩を引き出し、内乱を防止すべく積極的に周旋を開始したのだった。つまり彼は西郷に働きかけ、慶応三年六月二二日、薩土盟約を締結させる一方、土佐藩主の山内容堂を説得して、将軍に大政奉還を具申するよう働きかけたのであった。

西郷がなぜ長州と土佐の二股を掛けたのか？　答は明らかである。彼の頭には「討幕」の一字しかない。土佐と同盟したのは、幕府に大政奉還など出来る訳がなく、ならば討幕だ！　といういわば討幕の名目を土佐から取り付ける意図があったからではなかろうか。

ところが、である。後述するように慶喜は意表を突いて大政奉還に打って出て、西郷らを慌てさせたのは周知の事実であるが、これは後述する。

危機回避に奔走した後藤は、一〇月三日、老中板倉に容堂の建白書を手渡し、更には一〇日、当時の慶喜の最側近で若年寄格の永井尚志に容堂献策の実行を勧めている。この土佐藩の建白書の提出には慶喜も一枚噛んでいたとみるべきである。なぜなら、九月二〇日及び一〇月二日の二回に亘り、永井から後藤に対し、建白書を提出するよう催促がなされていることが分かっているからである。こんな大事なことを永井一人で出来る訳がなく、その奥には慶喜の意向があったと見るべきである。

(四) パークス、サトウらの動向

慶応三年四月、まさに慶喜が四国公使に兵庫開港を宣言した直後、サトウは大坂で西郷と面談し「兵庫が開港されれば、革命の機会は永久に失われてしまう」と述べている。

同年七月、再び大坂でサトウと接触した西郷は、幕府による兵庫開港を非難し、貿易の利益が幕府とフランスに独占される恐れがあると盛んに入説している。更に西郷は「全国民の議会」を開くべきだ、などと述べている。

同年八月六日、パークスは土佐に入り後藤と面会している。この時、パークスは大政奉還への土佐藩の考えなどを聴取していたのかもしれない。

更に同年八月一七日、サトウは長州へ赴き、木戸に「志があるのに起たないのは、『ばあさんの理屈』といって西洋では嫌われる！」と述べ、暗に木戸らの決起を慫慂している。

以上見ただけでも、英国がいかに薩長に肩入れしていたかが歴然とするのではないか。これらの行動は内政干渉に等しいものであり、「従来言われてきたほど英国は薩長寄りではなかった」などと論ずる者の顔を筆者はぜひ見てみたい。しかも、パークスやサトウは彼らの独断ではなく、ほぼ本国の政策を踏襲していたのであった。

明治維新の際、英国が他国よりも遙かに素早い対応をしたのも、この当時から抜け目なく情報収集していた成果であった。これに反し、ロッシュはほぼ幕府支持一点張りであり、しかもフランス本国では、対日政策が転換され彼が根無し草的存在になってしまったことは既に述べた。

(五) 公家社会の動向

①慶応二年八月二六日、将軍不在のいわば権力の空白期間を利用して、大原重徳、中御門

経之ら反幕派の公家二二人は、列参を行なった。

この列参とは分かり易く言えば公家達の団体交渉のようなもので、大挙して参内し、孝明天皇に中川宮の退陣、朝政の刷新などを要求したのであった。徹底した佐幕派の孝明天皇は激しく怒ってこれを退けたが、自前の権力を持たない天皇はどうすることも出来なかった。

しかし慶喜が徳川家を相続することが決まり、同年一〇月一六日、所司代・守護職・老中を始め幕兵数百名を引き連れ、（洋装にて）堂々と参内するに及び、慶喜勢力が朝廷を掌握することとなり、列参に関係した公家達は同月二七日処分謹慎となった。この列参を陰で操った人物こそ、稀代の陰謀家岩倉具視その人であった。

このように公家社会は佐幕派と倒幕派に分かれていたが、やはり幕府の兵庫開港宣言を境として倒幕派の勢いが盛んになっていった。侍従鷲尾隆衆などは慶喜が参内したら刺し殺すなどと公言するようになり、嘗てないほどの緊迫感が京都の空気を覆う中、同年九月二一日、それまで気儘に若狭藩屋敷で生活していた慶喜は用心のため二条城に入城することになった。

一〇月になると、（後述するが）討幕派の公家は薩摩と結託して討幕の密勅を偽造し、これを薩摩・長州藩主に送る、という非常手段まで弄する事態になった。この討幕勢力の伸張はやはり後ろ盾の薩摩の力が朝廷に及んできたことを意味するのである。

朝廷側の窓口は、言わずと知れた岩倉具視である。彼の禁足が外れたのもまさに慶応三年九月であった。この岩倉と頻繁に協力して宮廷工作を行なった薩摩側の代表者が、大久保一蔵その人であった。王政復古を生涯の目標とした岩倉と、討幕が至上命題の大久保はここに目標が一致したのである。

②ここで孝明天皇について少し述べてみよう。

幕末の政局が混迷した大きな原因は、孝明天皇が安政条約の勅許を拒否したことによるものである。この条約は水戸斉昭ですら調印止むなしと認めていたものであり、幕府は勅許取得によって国論を統一しようとしたのである。

鎖国を断行した幕府は、開国もその独断で行なうのが論理的な筋道というべきであろうが、そもそも幕藩体制そのものが構造上対外的な挙国一致の体制ではなく、外国に団結して対抗するためには、やはり勅許が必要だったのかもしれない。まして権力が衰えた幕府においては尚更であった。

しかし孝明天皇は、一度も異人に蹂躪されていない皇国日本が、他国に屈服することは皇祖皇宗に対して申し訳がないという一途な思いを貫き、神威により外患を吹き払うことを伊勢神宮に祈願している。古代以来の農耕国家の伝統ある祭主としての本来の姿だと言えばそれまでだが、この孝明天皇の勅許拒否が幕末政局の混迷の第一歩となった。

即ち、諸藩が幕政につけ込む隙を与え且つ尊皇攘夷運動が激化するきっかけとなったのである。そして、幕末政局の中心は永久に江戸から離れ、維新による決着まで京都がその中心となった。佐幕派の筆頭の孝明天皇にとって幕府権力が衰えることは全く不本意で、皮肉な成り行きというほかはない。孝明天皇の二大信念は攘夷（鎖国復帰）と政治の幕府委任（佐幕）だったからである。

しかし遡ること慶応元年九月一六日、パークスほか四国代表が座乗する九隻の英仏米蘭の四国連合艦隊（内訳は英四隻・仏三隻・蘭一隻・米国は偶々日本に軍艦を逗錨していなかったため、英国から一隻借用して自国の軍艦とした）が、安政条約勅許・輸入税率軽減等を要求して大挙して大坂湾に侵入するという大事件が起きた（これを名付けて、「四国連合艦隊大坂湾侵入事件」）。そもそも文官である外交官達が軍艦に乗って現れること自体が尋常ではなく、これはまさしく恫喝外交そのものだったと言えまいか。

彼らが大坂湾に侵入したのは、第二次長州征伐のため将軍家茂が大坂城まで出陣しており、彼の幕閣もそれに従い大坂に来ていたからである。パークスらはこの際外交上の諸懸案を幕閣に突きつけ、それらを一気に解決する意気込みであった。また、仮に交渉が不調に終われば、「朝廷と直談判をする」という伝家の宝刀を幕府に突きつけ、その泣き所を攻めるつもりであった。

大久保一蔵らを中心とする薩摩藩士は、条約勅許を阻止すべく反幕派の公家達に盛んに入説していた。大久保らはあわよくばここで幕府の外交権を奪う魂胆であった。

しかし、この時の慶喜の行動は目を見張るものがあった。危機迫るとみた慶喜は一〇月四日、決死の覚悟で天皇に条約勅許を迫り、同月五日、天皇は苦渋の決断で条約を勅許し、危機は一旦去ったのである。まさに慶喜の一昼夜にわたる奮闘の結果であった。

この条約勅許によって、天皇の「攘夷」の信念は変更せざるを得なかったが、天皇の佐幕即ち幕府支持は一貫していた。天皇は徳川慶喜に全幅の信頼を置き、権謀術数が得意の慶喜も天皇に対しては、（この条約勅許事件や長州征伐取り止め事件などで何度か天皇の怒りを被ることはあっても）その赤心を貫いていた。そして「幕府がいかに衰えようと、この帝がおわす限り討幕などあり得ない！」というのが佐幕派の強みであった。

しかし、慶喜が将軍に就任して僅か二〇日後の慶応三年一二月二五日、孝明天皇が急逝された。まことに言い難いことだが当時から毒殺説が囁やかれていた。天然痘に罹った天皇は回復も順調で、二七日には全快祝いをする予定だった。この不自然な急死が、当時から暗殺説の原因となったのである。

筆者があれこれ推測するのは当然差し控えたいが、一つだけ言えることは、孝明天皇が健在である限り、討幕の偽勅を出したり、王政復古のクーデターを挙行するなどあり得ない話である。ましてや鳥羽伏見の戦いで錦旗を出して、慶喜を賊軍にしてしまうなど夢のまた夢であろう。

こうしてみると、討幕派にとって孝明天皇がいかに大きな障壁であったかが一目瞭然である。一番疑われているのが誰あろう岩倉である。石井博士はこの岩倉主犯説を主張している。また、反幕派の正親町三条実愛はその日記に「中外遺恨」と記している。これは列参の処分に対する遺恨の意味であろうか？

しかし、いくら論じても分からないものはわからない。石井博士の言を借りれば、孝明天皇は反維新に殉じたのかもしれない。

2　原市之進の死

こうした状況の中で、慶喜の側近ナンバーワンの謀臣原市之進が慶応三年八月一四日暗殺された。この日の朝、髪を結わせていた彼は、二名の来客が面会したいということで、隣室に通すと、その刺客二名はいきなり襖を破って斬りつけ、原の首級を上げたのである。

自首した下手人は鈴木豊次郎と依田雄太郎、なんと江戸から来た旗本であった。暗殺の理由は、「慶喜に取り憑いた狐が兵庫開港をそそのかした」というもので、慶喜の政策を全く解さない守旧派の旗本であった。以前にも述べたが、江戸の旗本は危機意識が希薄で守旧派が多い。元治元年六月に暗殺された前任の平岡円四郎も江戸から来た旗本の手にかかったのである。

原暗殺の首謀者は山岡鉄太郎、松岡万、関口隆吉であり、いずれも有力な旗本達であった。山岡らは原暗殺の後、「そんなに立派な男だったとは知らなかった」と反省しているが、もう死んだ者は生き返らない。この軽々しい反省自体が腹立たしいことだ。

後に山岡は成長し、西郷・勝の会談の地ならしに単身駿府に乗り込んで、江戸無血開城に一役買っている。その後は、明治天皇の侍従になり、天皇に信頼されることしきりであった。山岡はその臨終に際しては、座禅を組んで逍遥として死に就いたといわれ、彼の人格を讃える声を多く聞く。しかし、である。筆者は彼が後年どんなに人格者になろうと、いかに立派な人だろうとそんなことはどうでもよい。到底、原暗殺の負の遺産を償い切れるものではないからである。

原が暗殺された時の慶喜の落胆は尋常ではなかった。常に理知的で、感情を表に出さない慶喜が人前も憚らず泣いた。それほど痛手だったのである。

薩摩藩への慶喜側の窓口は唯一この原であった。つまり対薩摩交渉は原が一手に引き受けていたのである。その際の薩摩側の窓口は家老小松帯刀だった。また、宮廷工作も彼の仕事であった。この際の薩摩側のライバルはまさに大久保一蔵だった。更に、対仏六百万ドルの借款も小栗ではなく、原の発案だという説（神長倉真民氏）もあるほど、優秀且つ行動的な男で、まさに慶喜の手足そのものであった。慶喜が大政奉還に踏み切ったのは、原を亡くして先行きの行動に不安を感じたからだという説すらある。

ところで、謀臣とは私設秘書のような者で、元来家来が少ない慶喜にとって原は最も頼りになる存在であった。松平春嶽などは慶喜に同情し、「お気の毒だ」と述べている。この原は水戸出身で手のつけられない攘夷論者であったが、慶喜に仕えるに及び忽ち慶喜に心酔し、彼の手足となって獅子奮迅の活躍をし、「栄進日に三遷す」と言われるほど慶喜の元でその能力を振るった。これが凡暗の守旧派に恨まれ、しかも理解されないまま暗殺されたといえる。

守旧派は本来的に慶喜のやっていることを最後まで理解出来ずにいた。江戸と京都で離れていることもあり、そもそも守旧派は慶喜嫌いが多い。江戸の旗本達は慶喜を「二心殿」とか「豚一殿」などと呼んで、憎悪の対象とした。前者は二心ある殿、後者は豚肉好きの慶喜を皮肉ったものである。更には地べたに「一橋」と書いて、放尿する者もいたようだ。

そもそも論だが、この「謀臣」は慶喜には絶対必要な存在であった。なぜなら、小栗忠順はきわめて優秀だが、彼は勘定奉行という歴とした幕府の官僚である。永井尚志にしても同じことで、表役人の彼らは水面下の工作など出来ないし、またそんなことをする気もない。これらの行動を一手に引き受けていたのが原であった。

慶喜にはもう一人梅沢孫太郎という謀臣がいたが、彼はどちらかというと平和的な仕事を引き受けていたようである。そのためか無事に明治まで生き延び、何ら語らず死んでいる。見事な生涯といえよう。

いずれにしても慶喜にとって原の死は、その行動力をきわめて削がれることとなり、これから討幕派と乾坤一擲の大勝負をしようというまさにその時、原の死は大きな痛手となったのである。

話がやや逸れるが、慶喜を批判する者がよく「慶喜は冷たいので、彼を慕う者がいない」とか、「彼の手足になって粉骨砕身する者がいない」などと言う。これは彼の政治家としてのキャリアの経緯を無視した軽薄な説と言わざるを得ない。

そもそも慶喜は外様大名に後押しされて、朝廷の意向で将軍後見人として政治出発している。勅命を奉じた大納言大原重徳が、島津久光率いる屈強な薩摩藩兵七百名に守られて江戸に押しかけ、慶喜の将軍後見職就任を迫ったのである。幕府はこの圧力に屈して止むなく慶喜を将軍後見職に就任させた。

面白くない幕府は、「叡慮により」と但し書きをした上で、慶喜の将軍後見職就任を認めたのである。一橋家は江戸城中に住み、徳川家の家族である。この当主の慶喜が外様藩の圧力で後見職に就任させられたのであるから、慶喜は幕府部内で居心地の良い訳がない。しかも久光は帰藩の途中、横浜で有名な生麦事件を起こしている。幕府にとってはまさに泣きっ面に蜂であった。

この政治デビューからして彼は不幸な出発をしたのである。それも慶喜の意思とは全く関係ないところで進展したのであるから、気の毒と言うほかはない。つまるところ彼は、その政治出発からして幕府の連中からは疎まれる存在だったのである。

その後上京した慶喜は、京都で政治家として活躍を始めるのであるが、そもそも彼は将軍の家族に過ぎないから、自前の組織を持っていない。これは同時代の島津久光や松平春嶽、山内容堂らに比べて大きなハンデとなったのである。この状況は元治元年三月、禁裏守衛総督となってからも変わることはなく、何をするにも結局、彼は組織としての会津・桑名の藩兵に頼るほかなかったのである。そして（嘗て家茂と十四代将軍の座を争った）将軍より優秀な将軍の家族として、江戸の守旧派に憎まれ続けた。

慶喜・会津・桑名は「一会桑」と呼ばれ京都で一大勢力をなし、江戸幕府から半ば独立したような観を江戸の守旧派に与えた。これは決して慶喜の望んだことではなかったが、止むを得ないことであった。

このようなキャリアの中で、謀臣は数少ない慶喜の側近であった。彼らは皆慶喜の手足となって働き、頑張ったのである。

古い話だが、筆者が若い頃、綱淵謙錠という作家がいた。彼は慶喜に恨みでもあるかのように慶喜批判をした。そして慶喜の評伝や座談会の席で、「神祖家康が『君臣水魚の交わり』という逸話がこれでもか！　と言うほどあるのに、慶喜にはその手の話が全くない。

要するに慶喜は冷たく且つ人間的に魅力のない人だ！」と断じている。綱淵氏は、果たして慶喜の政治家として置かれた条件を承知の上で自説を述べていたのであろうか？

更に脱線するが、筆者は最近、歴史小説とは何か？　と大いなる疑問を持つようになった。例えば、筆者は司馬遼太郎が嫌いではない。特に『燃えよ剣』は大好きで、台詞も暗記したほどである。これを二六回シリーズでドラマ化した同名のテレビ時代劇も傑作だった。

この中で、函館政府陸軍奉行の大鳥圭介が出てくる。彼は幕府陸軍のエリートではあるが、司馬氏の小説では、実戦経験がなく臆病で小心な男として扱い、無敵のヒーロー土方歳三の引き立て役に終始している。その極め付きは、大鳥が苦し紛れに函館町民から税を取り立てようとして、土方が「やめとけ、悪名を残すだけだ」と言って、徴税を止めさせるくだりである。しかし、史実は逆で、真相は土方が徴税しようとしたのを大鳥が止めたようである。

小説だ！　といえばそれまでである。しかしたとえ小説と雖も、ここまで事実をねじ曲げて良いのか？　しかも司馬氏のように国民的人気作家が、という疑問を禁じ得ない。大鳥圭介の子孫の人達は、この小説を読んでどう思うか？　決して愉快ではなかろう。

歴史小説を書いて印税を受け取りそれを生業とする者は、歴史に対して謙虚であるべきではなかろうか。既に亡くなり何ら反論できない偉大な先達を、自分の書き物の材料にする小説家はせめて死者に敬意を払うべきであろう。況んや評伝においてをや！　である。ちなみに大鳥圭介はのち罪を許され、清国全権公使更に学習院長を務め、天寿を全うしている。実に立派な生涯であった。

筆者は最近「徳川昭武幕末滞欧日記」という第一次資料を入手した。慶喜の弟徳川昭武がパリ万博に将軍名代としてフランスに渡った時の日記である。慶喜はフランスで昭武に欧州の最新知識を学ばせ、後の日本近代化の人材として役立てようとしたのであろうか。

この日記では、慶喜の昭武に宛てた書簡が二通披露されている。そこには異国にいる弟を思い遣る兄の暖かい心情が簡潔で格調高い文体から滲み出ていて、筆者は思わず嬉しくなった。

また、晩年の慶喜の写真が多く載っている『微笑む慶喜』という最近出版された書物では、やや寂しげだが、大勢の家族・一族に囲まれて、安堵の表情をした慶喜を見ることが出来る。第一次資料確認の重要性を認識することしきりである。

3　討幕運動が急速に激化した理由

しかし、何故このような短期間に急速に討幕運動が盛んになったのであろうか？　やはり、以前にも述べたように、慶喜が慶応三年五月二三日に兵庫開港の勅許を取得し、同年六月六日、「慶応三年一二月七日兵庫開港・大阪開市を行なう」と国内に布告した時がターニングポイントではなかったか。

つまり、一旦兵庫開港がなされ、貿易が順調に始まってしまえば、諸外国は英国も含めて日本の内乱を絶対に望まない。貿易の邪魔になるからである。しかも、姑息な密貿易なども影を潜め、その必要もなくなる。

幕府は大いに潤い、反面、西国諸藩は、（幕府が糾合した鴻池らの大坂商人に多額の借金があるから）全く頭が上がらなくなる。サトウが言うように、革命の機会は永久に去るのである。要するに財政面で体勢を立て直した幕府は、幕藩体制を廃止して郡県制を敷き、徳川の手による全国統一に乗り出すであろうことが目に見えてくる。

以前にも述べたが、三年もすれば兵庫開港による幕府の関税収入は、軽く百万両を超えることになる。当時世界最高水準の開陽丸の建造費用は約五〇万ドルであり、当時の為替レートで換算すると三七万五千両となる。極端な話、幕府は、十分な武器弾薬を満載した開陽丸級の戦艦を毎年二隻づつ就役させることが可能となる。これでは幕府と反幕勢力の軍事的優劣は勝負にならなくなる。

こうした結論は、長年幕府と敵対関係にあった長州には我慢が出来ないことであり、討幕が至上命題の西郷らにも到底容認することが出来なかったのである。要するに慶応三年六月六日の段階に至り、日本近代化のヘゲモニー争いがいよいよ軍事衝突の危機に至る状況まで高まったのであった。

しかし何故薩摩・長州はこれほどまでに討幕に拘わったのであろうか？　彼らが近代を目指し、徳川側が因循姑息であったなどというのは後世の虚構に過ぎないことは明らかである。そもそも薩摩・長州の手による近代化が優れ、徳川に手による近代化が劣っているなどとは当時の識者も全然考えていなかった筈だ。

では、彼等が武力を使って血を流してまでも討幕に固執したのは何故であろうか？　先述したように、このままではじり貧となることが明らかなので打って出た、と言えばそれまでだが、やはり彼等の討幕心情の根底には、関ヶ原以来の恨みがその底流にあったのではなかろうか？

長州藩における正月の儀式は、家老が「殿、徳川討伐の準備が出来ておりまする」と言上し、毛利候が「まだその時期でない」と述べることから始まったという。つまり関ヶ原の恨みが二五〇年間続いていたのである。中国地方一五〇万石の所領を誇った長州藩が、関ヶ原の敗戦で防長三七万石に封じられたのであるから、その不満は尋常でなかったのかもしれない。

名門薩摩藩にしてもその心情は同様で、「徳川何するものぞ！」の気概に溢れていたのではないか。江戸時代の幕藩体制は、基本的に一六一五年武家諸法度が制定された段階で確定・固定しそのまま幕末へ続くから、藩士の心情もその時点で固定され、幕末までそのまま引き継がれていてもおかしくない。

しかし、だからといって「流血の討幕に大義名分があるのか？」と正面から問われれば、筆者はその妥当な回答を見出しにくい。

4　討幕運動の本格化

慶応三年九月に入ると芸州（広島浅野氏）も討幕派に加わり、二〇日には薩摩・長州・芸州の三藩は出兵の盟約を交わし、いよいよ挙兵討幕が実行に移される段階にまでなっていた。しかしその後、三藩とも複雑な藩内の事情もあって実行は延期されていた。

あまり目立たない存在だが、ここで芸州について一言述べたい。

第二次長州征伐の際、幕府代表の小笠原長行は幕府との仲介役であった芸州（広島藩）のメンツを丸潰しにするなど数々の失態を犯した。この時の幕府に対する芸州の不信感は相当なものがあった。また、地政学的に長州の隣藩である芸州は長州に同情的であったし、何よりも長州と事を構えたくなかったのではあるまいか。これらが芸州をして、討幕派に参加させた理由ではあるまいか。

ついでながら、小笠原という人は外交にはかなりの業績を上げ、対外交渉に関する慶喜の信任も厚かったが、長州征伐では手酷い失策をしてしまったのである。

話を元に戻そう。こうした膠着状況を打破したのがいわゆる討幕の密勅である。一〇月に入り、薩摩大久保一蔵、長州品川弥二郎及び岩倉具視は討幕・王政復古を目指し諸藩を糾合するため、討幕派の公家中山忠能、中御門経之、正親町三条実愛の協力を得て、岩倉の腹心で国学者の玉松操に、いわゆる討幕の密勅を作成させたのだった。

この文書は、上記三人の署名しかなく、天皇の裁可もなければ摂政の承認もない偽勅そのものであったが、これが一〇月一三日に薩摩、同一四日に長州に交付されるに及び、薩摩と長州の出兵は半ば正当化されることになった。ここに討幕派は勇躍軍事行動を開始することになったのである。ただこの密勅が薩摩・長州に手渡されたまさに一〇月一四日、慶喜は大政奉還の上表書を朝廷に提出したので、討幕派は軍事力行使を見合わせ、討幕計画の練り直しをせざるを得なくなったのである。

それにしても、政権転覆（討幕）という目的のために、天皇の詔書を偽造するというのだから前代未聞、日本史上空前の文書偽造事件と言わざるを得ない。ここ数年世上を騒がせた某省庁の文書改ざん問題などは、この偽勅と比べようもないのではなかろうか。

大久保らは王政復古を標傍し、事ある毎に自らを勤皇無二の雄藩などと表現しているが、果たして彼らに真の天皇への尊敬の念があっただろうか？　しかもこの偽書は、激烈というかエゲツない。「詔す」から始まり、「賊臣慶喜を殄戮せよ！」と書いてある。いくら何でも「賊臣」はあり得ない。まして「殄戮」とはひどい表現だ。浅学の筆者には聞いたこともない古語だが、広辞苑によれば「殺し尽くせ！」ということだ。孝明天皇が聞いたら失神する程驚いたのではないだろうか？　討幕派の陰険且つ無法な討幕感情の露出そのもののようである。

一国の体制が変わるとき、巨大なエネルギー（およびそれに付随した陰謀）が働くのは古今東西変わらぬ現象だが、このような稀代の偽書を生み出すのは、世界史上稀ではなかろうか。目的のためには手段を選ばない人には敵わないというべきか。

5　将軍慶喜の対応

このような急速な討幕勢力の結集は、慶喜にとって想定外だったと推測される。この時期幕府は優れた諜報網を保持していて、反幕勢力の動向を逐一把握していた。そうすると慶喜は何よりも土佐の動向が気になった。

なぜなら、仮に土佐が討幕に動けば、行き掛かり上、越前も討幕に傾き、尾張・肥後も危ない。こんなに多数の藩が討幕側に回れば、仮に軍事衝突となって幕府が勝利したとしても、現政権側の幕府の痛手は大きく、その政策を完遂することが困難になることは明白である。何よりも、下手をすると内戦になりかねない。当時、欧州列強がその帝国主義の触手をアジア全域に伸ばしている状況において、慶喜は内乱だけは何としても回避したかったのではなかろうか。

慶応二年一二月九日の将軍就任以来、慶喜は一貫して従来の親仏幕権派の路線を踏襲拡大し、徳川絶対主義の路線をひた走ってきた。それは具体的には内閣五局制の導入、陸軍の充実（具体的には、幕府歩兵の整備）、兵庫開港宣言、更に対仏六百万ドルの借款等であった。

しかし、これらの政策の成果が出る前に、討幕勢力の結集が進みそうな状況になってきたのである。また、対仏六百万ドルの借款が不調に終わったことも、慶喜にとっては大きな誤算且つ痛手であった。

こうした状況の中で、慶喜は内乱防止のために大きな判断を迫られる状況に直面したのである。具体的には先述した土佐藩の動向である。当時の土佐藩は藩論が未だ定まらず、右派、左派、中間派に分かれていた。

藩主山内容堂は慶喜に同情的で公議政体論者であったが、左派は坂本龍馬等と志を同じくして討幕派であった。中間派で一代のオポチュニスト後藤象二郎は、内乱勃発を憂い、容堂に働きかけて慶喜に大政奉還の上申書を提出するよう説得した。先述したように、薩摩が政局を牛耳ることを快しとしない山内容堂は慶喜に大政奉還を具申し、薩摩の討幕の大義を摘み取るべく周旋に動いた。

慶喜はこの容堂の具申を絶好の好機と捉え、まさに幕府の命運を掛けて大政奉還に踏み切ったのであった。慶喜の大政奉還の挙行によって、幕末政局は一気に流動化し、日本近代化のヘゲモニー争いは、新たな局面を迎えるに至ったのである。

第六章　大政奉還と前後の政局

1　初めに

慶応三年一〇月一四日から翌慶応四年一月三日までの僅か三ヶ月足らずの期間に、日本の歴史の帰趨を決定する事件が三回生起している。

まず大政奉還、次いで王政復古のクーデター、最後に鳥羽伏見の戦いである。この三大事件を経て日本は幕藩体制から脱皮し、近代国家として再出発することになったのである。

この三大事件に対する歴史家の評価は様々である。その原因は、神聖・不可侵で統治権の総攬者として天皇が君臨した明治から昭和の終戦までの日本をどう評価するかによって、この三大事件に対する歴史家の評価もまた異なるからである。

『明治維新の国際的環境』の著者石井博士は、神権天皇制の日本は、明治以降一〇年毎に戦争を行ない膨張政策をとり続けたが、それは太平洋戦争の敗戦によって破綻した、という批判的評価を下している。そして神権天皇制のアンチテーゼとしての日本近代化のモデルとして、大君制による徳川絶対主義を持ち出し、慶喜はこの実現のために行動した、と断じている。この命題に引き摺られているのか、博士はこの三大事件全てに関わる慶喜の行動を、彼が大君制を創設しようとして行なったという前提で論じており、かなりの無理を感じざるを得ない。

松浦玲氏は、神権天皇制には否定的だが、仮に慶喜の大君制が成立したとしても、それが明治政府より素晴らしいものになったという保証はないから、慶喜の肩を持つ必要はないとクールに論じてはいる。しかし、神権天皇制にならなかったであろう慶喜政権の方が、その一点だけでもマシではなかったか、と残念がっている。松浦氏はこの三大事件について、非常に客観的に論じていて大いに参考になる。

反面、明治維新から始まる日本政府の政策を肯定的に評価する歴史家は、薩長が敢行した王政復古のクーデターについての考察が実に甘い。それはこのクーデター政権（政府と呼べる代物ではない）が、後の明治政府の母体であるという前提に立った場合、「クーデター政権を否定すると明治政府の拠って立つ根拠がなくなってしまう、明治政府の正当性を主張するためにはクーデター政権（即ち王政復古）を否定し難い」と考えるからではなかろうか。

筆者は、自己の方程式に歴史の事実を当て嵌める手法や、後世の結果から過去の事実を評価する手法はいずれも妥当でないと考える。歴史の偉大な当事者達は将来を見据えつつも、刻一刻と変化する状況の中で自己の進むべき道を決断しているのであり、後世の結果から遡って偉大な先達の行動を批評することは、まさに後講釈（アトコウシャク）との誹りを免れまい。

　最近入手した高橋秀直教授の論文は出色で、今までの幕末維新の著作を時代遅れとする程衝撃的だ。彼は幕末の政治行動の根拠を天皇原理と公議原理に基づくとしている。これは彼がそのような原理主義を振りかざすのではなく、当時の思想がそうだったというのである。

　なるほど、幕末に上昇した尊皇思想に基づき、日本は天皇中心の国家たるべきだという思想が一方にある。これは具体的な政権構想ではなく、とにかく天皇のもとで政治を行なおうという観念論であった。一方、公議政体論を核とした公議政体原理は、具体的には議政院を中心として政治を行なおうというもので、素朴ながら統治機構の構築を論じたものであった。この二つの思想は矛盾するものではなく、天皇のもと公議政体論を実行し、議政院を設立しようというのが当時の世論であり正論であった。

　幕末の日本は西欧のような市民階級が育っていた訳ではないので、いわゆる「人民政府」のようなものは構想される筈がなく、公議政体論が唯一の正論であった。故に、高橋教授は当時の政治家の行動の根拠は、天皇原理と公議原理であった、と言うのである。まさに正鵠を射た歴史解釈と言い得るのではないか。

筆者はこの論文には大いに感銘を受け、王政復古に関する重要な長年の疑問が氷解するのを感じた。高橋教授はその後急逝されたようで、誠に惜しい人を亡くしたものだ。ご健在ならば、維新史を塗り替える業績が期待されたであろう。

いずれにしても、筆者は虚心坦懐にこの三ヶ月間の徳川慶喜の苦悩に満ちた行動を、「慶喜の身の回り係」にでもなったつもりで追いかけてみたい。

2　薩摩討幕派と土佐公議政体派の対抗

慶応三年五月二三日、慶喜による兵庫開港が決まると、西郷・大久保らを中心とする在京薩摩藩士は、その翌日から武力討幕の準備に取りかかった。

西郷ら薩摩藩士は「元祖討幕派」ともいうべき長州との連携を深めつつ、一方では六月二二日の時点で早くも、土佐の後藤象二郎と大政奉還建白を行なうことを目的とする薩土盟約を結んだ。彼らは、慶喜は絶対に大政奉還が出来ない！　と踏んでいたので、慶喜がそれを拒否することを口実にして、土佐を武力討幕に引き込みたかったのである。

他方、山内容堂と入れ替わるように六月一三日入京した後藤は、薩摩の二条城襲撃説などが飛び交う中、内乱の発生を憂い、公議政体論を引っ提げて薩摩を抱き込み、日本を平和裡に改革しようとしたのである。彼は慶喜が大政奉還する可能性に賭けていた。

薩摩にしても、公議政体論以外の政権構想を持っていた訳ではないから、後藤がこの正論を持ち出せば、正面から否定することは出来なかったのである。

こうして後藤の大政奉還建白運動と、西郷らの武力討幕運動は並行・対抗して進行することとなるのであった。

六月二七日、後藤は芸州の辻将曹と会い、芸藩を薩土盟約に引き入れることに成功した。

七月二日、京の料亭で後藤の送別会が行なわれ、薩摩からは大久保、小松が出席した。後藤は「容堂に進言し、藩論を大政奉還論に統一した上、一〇日ほどしたら二大隊を引き連れ上京する」と約した。

七月三日、後藤、幕府永井尚志に大政奉還を入説。

七月四日、後藤、京を発つ。島津久光と伊達宗城は、容堂への書簡を託した。

八月一四日、大久保、芸州の辻に会い、芸藩の武力討幕への参加を求め、賛同を得る。芸藩も、武力討幕か大政奉還かで揺れ悩んでいたのである。

九月六日、大久保の藩兵増派要請に応じて、薩摩藩兵一千余名が大坂に到着。

九月七日及び九日、予定より大幅に遅れて帰京した後藤は、西郷、大久保らに、大政奉還の建白書を提出するから、挙兵を待ってほしいと申し入れたが拒否される。

後藤はイカルス号事件に忙殺され、またあくまで公議政体論を議論で主張すべきだとする容堂の出兵拒否によって、藩兵を引き連れて来ることが出来なかった。この間、春嶽、宗城、久光が京を去ったこともあり、大政奉還運動の先行きの不安材料となった。

西郷は兵を連れてこなかった後藤に対し、土佐との盟約は返上すると怒ったものの、土佐を完全に敵に回す覚悟はなかった。そこで「土佐が大政奉還の建白をすると、幕府が討幕派の武装蜂起を警戒するので、蜂起の前日に建白するように！」などと後藤に釘を刺すほどであった。

九月一六日、大久保は長州に赴き、山口にて木戸、広沢らと出兵盟約を結ぶ。

九月二〇日、長州・芸州間でも出兵の盟約が出来、薩・長・芸三藩の挙兵討幕が実行に移される段階になった（第一次三藩出兵計画）。

この計画では九月末までに軍艦で大坂湾に集結し、京都でクーデターを行ない、会津藩邸を急襲し、堀川の幕府屯所を焼き討ちし、大坂城を攻撃、更に大坂湾の幕府軍艦を破砕し、奪玉するという計画である。動員する兵力は、在京薩摩藩兵及び鹿児島から動員される薩摩藩兵が三田尻に寄って長州藩兵を乗せ、海路一気に大坂に上陸するという案である。

決行の時期を九月末としたのは、後藤の大政奉還建白によって薩摩の藩論が討幕反対に傾くのを恐れたからである。この計画は実行寸前まで行ったのであるが、後藤の猛烈な巻き返し（後藤は九月二七日、一番弱い芸州を説得して一旦は武装蜂起から引き離した）に加え、薩摩本国でも自重論が根強く、長州の突き上げがあったものの徒（いたずら）に時を重ねてしまい、幕府が警戒し始めて、奇襲の時期を失してしまったのである。

この計画では天皇を芸州に奪う予定だった（長州のいう「奪玉」）ので、もし実行されれば内乱に発展する危険が十分あった。西郷らは内乱の危険を冒してまで討幕したかったのであろうか。しかもクーデター後の政権構想など全くなかったので、無責任と言われても仕方がないのではなかろうか。

ちなみに、長州の木戸は九月初旬、芝居・狂言・舞台などと盛んに比喩し、「我が方が玉を抱え奉る」と奪玉の重要性を訴えているが、そこには日頃彼らが高唱する尊皇の心情などは微塵も見えてこない。

九月二八日（一〇月二日）、小松帯刀が後藤に、「土佐の建白に反対せず」、と通告。

第一次出兵計画では、九月末または一〇月初めに兵船が大坂に到着する見込みとなったので、もはや建白は挙兵の邪魔にならないと判断したのであろうか？

一〇月六日、ようやく三田尻に薩摩の軍艦が到着、しかも一〇月九日、薩摩・長州の国元が上方への派兵を中止したとの情報が在京薩摩藩士らに入る。

これらの番狂わせにより、挙兵の時期（奇襲・奪玉）を失してしまい、第一次三藩出兵計画は変更を迫られることになった（長州の言ういわゆる「失機改図」）。

西郷・大久保らは戦略の練り直しを迫られ、藩論統一の要として薩摩藩主島津忠義の率兵上洛を求める方向に転換した。その切り札として浮上したのが、次項で述べるいわゆる討幕の密勅であった。

3　大政奉還に対する薩摩の対応と討幕の密勅

一〇月一四日、慶喜は運命の大政奉還に踏み切った。しかし、このとき薩摩は怯まなかった。それは一〇月六日、大久保が岩倉具視と初めて会う機会を持ったからである。ここで岩倉は王政復古後の仮政府の構想を打ち明け、更に討幕の密勅を薩摩及び長州に手交することを決めたのである。

それまで公家の討幕派は、正親町三条実愛、中山忠能、中御門経之であった。薩摩は彼らと連絡を取り合ってはいたが、クーデター後の明快な仮政府構想を持たない、いわば無責任計画であった。しかしここに岩倉が登場し、大久保と手を結ぶに及び、より具体的なクーデター計画を練り上げることとなったのである。

尚、武装蜂起計画の内容はほとんど第一次と同じである。しかし決定的な違いは大政奉還を横目に見て、彼等は討幕の密勅という天皇の偽命令を用いることによって、薩摩本国の藩論を討幕一本にまとめる方針に転換したのである。長州は元々討幕一本槍だから、薩摩と手を組むことは容易かった。要するに、この密勅は薩摩の藩論を討幕で統一するについて、極めて大きな役割を果たしたといえるのである。

今その偽勅全文を掲載してみよう。

詔す。源慶喜、累世の威を藉り、闔族の強を恃み、みだりに忠良を賊害し、しばしば王命を棄絶し、ついに先帝の詔を矯めて懼れず、万民を溝壑に陥れて顧みず、罪悪の至る所、神州まさに傾覆すべからん。朕、今、民の父母なり。この賊にして討たずんば、何を以ってか、上は先帝の霊に謝し、下は万民の深讎に報いんや。これ、朕の憂憤の在る所、諒闇にして顧みざるは、万やむをえざる也。汝、よろしく朕の心を体し、賊臣慶喜を殄戮し、以って速やかに回天の偉勲を奏し、しこうして生霊を山嶽の安きに措くべし。此れ朕の願、敢えてあるいは懈ることなかれ。

ここには読む者を納得させる討幕の具体的理由や、合理的根拠が全くない。それどころか天皇の命令で徳川慶喜を殺せ！　と命じているのである。恐れ入ると言うほかはない。

しかし、天皇の命令であっても、それは万民を納得させるものでなければならない筈であろう。この密勅を何度読んでも、慶喜を討たねばならない大義名分は見い出せないどころか、エゲツなさばかりが目立つ。

以前、大久保は第二次長州征伐に反対し、合理性のない勅許は勅許にあらず、従う必要なし！　と公言し、朝廷これ限り！　と言い放っている。その同じ大久保が今度は全く合理性のない偽勅を、岩倉と共謀して出させている。まことに不可解な男と言うほかはない。

更に言えば、幕府に多少の失政があったとしても、フランス革命のようにアンシャンレジームに国民が悩まされていた訳でも、国民が餓死していた訳でもなく、また慶喜が罪なき人民を大弾圧していた訳でもない。

要するに、幕府派と薩摩派は、日本近代化のヘゲモニーを争っていただけなのである。内乱の危険を冒し、しかも偽勅を作ってまでも武装蜂起しなければならない大義があったとは言い難いのではなかろうか。

しかし6で述べるように、薩摩は結局天皇の権威を利用する道を選んだのである。つまり、高橋教授のいう幕末日本の政治原理は公議政体原理と天皇原理の二本だったのであるが、薩摩が無理を重ねて天皇原理を選択したことによって、後藤の公議原理は一歩後退せざるを得なくなった。

しかし、公議原理はこのまま消えてしまったのではない。大政奉還後のクーデター計画の変更を薩摩は迫られ、御所を占拠することは実行したが、その他の計画は一旦止めざるを得なくなったからである。後藤らの公議政体論者は、この理論を拠り所にクーデター政権に加わることになるのは後述する。

4　慶応三年一〇月一四日、徳川慶喜、大政奉還の上表を朝廷に提出す

(一) こうした状況の中、慶喜は決然と大政奉還を決行するのであるが、そこに至る過程を少し整理してみたい。

九月二〇日、永井から後藤に、建白書を提出するように催促がなされた。

一〇月三日、土佐藩側から、大政奉還を求める建白書が幕府に提出された。

一〇月一一日、大政奉還の上表完成。

一〇月一二日、上表文を諮問案の形にして二条城にて幕府諸有司に回覧し、慶喜自ら説明し、意見を求めた。

一〇月一三日、在京四〇藩の重臣を二条城に集め、前日と同じ説明をした。

尚、後藤、小松ら六名は別室に呼ばれ、それぞれ意見を求められた。本来彼らは陪臣であり、将軍への拝謁権がない。しかし慶喜は特別これを許可し、大政奉還の実を上げようとしたのであろう。このときの後藤のおびただしい汗は、その後の語り草になった。慶喜の圧倒的な存在感に参ったのであろうか。

一〇月一四日、慶喜、朝廷に大政奉還の上表を提出。

以上が大まかな日程であった。

(二) しかし、この大政奉還については諸説があり、松浦玲氏も、(その真意を推測するのが) なかなか難しい、と述べている。家近教授は、慶喜がその政権を全面的に朝廷に返還するつもりであったなどと現実離れした議論を展開し、筆者は白けるばかりである。

反面石井博士は、この段階において早くも慶喜が大君制を創設し、その権力を強化するために大政奉還を行なったと断じている。

あれこれ言うよりもここに大政奉還の上表全文を掲載してみたい。読み易いように訓読にした。

十月十四日徳川慶喜奏聞

臣慶喜、謹んで皇国時運の沿革を考へ候に、昔、王綱紐を解き、相家権を執り、保平の乱、政権武門に移りてより、祖宗に至り、更に寵眷を蒙り、弐百余年子孫相承、臣其の職を奉ずと雖も、政刑當を失ふこと少なからず、今日の形勢に至り候も、畢竟、薄徳の致す所、慚懼に堪へず候。況んや當今、外国の交際日に盛んになるにより、愈々朝権一途に出で申さず候ひては、綱紀立ち難く候間、従来の舊習を改め、政権を朝廷に返し奉り、廣く天下の公議を盡し、聖断を仰ぎ、同心協力、共に皇国を保護仕り候得ば、必ず海外萬國と並び立つ可く候。臣慶喜、国家に盡くす所、是に過ぎずと存じ奉り候。去り乍ら、猶見込みの儀も之れ有り候得ば、申し聞く可き旨、諸侯へ相達し置き候。之に依りて此の段、謹んで奏聞仕り候。以上改めて読み直してまず感ずることは、この上表の格調の高さだ。一〇月一一日、永井が起草して慶喜が直接手を加えたというが、歴史に残る名文であり、何度読んでも感動すら覚えてしまう。

曰く、

日本の政治が天皇から藤原氏に移り、更に保元・平治の乱を経て武門に移り久しい。なかでも徳川氏は二五〇年の長きに亘って、天皇の信頼を得て政権を保持してきたが、自身の失政も少なからずあり、今日の形勢に至ったのはその薄徳からである。
国際環境が変化し、政令二途から出るのは好ましくない。よって自分が政権を返上し、日本は天皇の元、挙国一致団結して政治を行なえば、再び繁栄して世界に互していくことが出来る。自分はそのために貢献できるなら幸いこれに優ることはない。

以上がその要旨である。ぜひ先に掲載した討幕の密勅と比較してもらいたい。やはり幕末の徳川幕府の官僚の教養は尋常でなかったのである。

(三) この上表からはっきり分かることは、「政権を返上する」と述べているだけでそれ以外は何も言っていない。

慶喜は一体何をしようとしていたのであろうか？　答えは明白である。まず世論の喚起である。「返す」と表明することによって彼への評価は高まるであろう。討幕の名分もなくなってしまう。これが大きな狙いであったことは間違いない。つまり差し迫った内乱の回避だ。慶喜は七月二五日大坂で、「干戈を動かさず国内の難局を突破し得るの自信あり」とロッシュに述べている。

更に慶喜は、六月以降の京都の不穏な情勢、具体的には水戸浪士の決起の噂などを憂い、騒擾行為の生起を心配していた。これは閣老板倉と所司代松平定敬が連名で江戸の老中に宛てた書簡で、「上様は日々夜々御苦慮あらせらる」、「国家の危乱、眼前さし起こり候も計り難く」と心配し、慶喜が打開策を熟考しているとの内容の書簡であった。慶喜は何よりも大政奉還によって世の静謐化を狙っていたのではなかろうか。

次は、というより本来の目的は、公議政体論者への妥協である。要するに、慶喜は土佐の建白書を受けて大政奉還したのである。土佐に迫られてよんどころなくやったのではないが、土佐の建白を受けてやったことも事実である。

事実、永井は一〇月一二日、後藤に土佐の建白を採用する旨を通知している。だから土佐の建白書を見れば、慶喜の意図が分かるのである。一言で言えば議政院政治への移行を認めたのである。

土佐のいう議政院とは要するに、天皇のもと上下二院の議会を設け、諸事ここで重要事項を決定する、ということである。当時の我が国の世論である公議政体論を具現化したものといえる。公議政体派の中心は松平春嶽、山内容堂、伊達宗城など有力大名で、更に島津久光も元来は公議政体論者であった。慶喜はこの公議政体論者に妥協することによって平和裡に日本の緩やかな改革を目指したのではなかろうか。

何よりも慶喜自身、往事を語る『昔夢会筆記』で「容堂の建白出ずるに及び、そのうちに上院・下院の制を設くべしとあるを見てこれはいかにも良き考えなり、上院に公卿・諸大名、下院に諸藩士を選補して、公論によりて事を行わば……」と振り返っている。

石井博士は大政奉還の直前、慶喜が西周を召し、英国の制度を諮問していたことを根拠に、慶喜が大君制を目指していたことを強調している。確かに慶喜はその後開かれるであろう議政院において重要なポストを取得し、その後の政局を牽引していくことを意識していたであろう。

しかし、公議政体論者に妥協して大政奉還に打って出たのである。従来の幕府より更に権限が強化された大君制が速やかに成立するとは思っていなかったのではあるまいか。慶喜は以前から自分に好意を寄せている有力大名で影響力の強い松平春嶽や山内容堂らの路線に乗ってみたのである。久光の協力もひょっとしたら得られるのでは？　と踏んでいたかもしれない。

(四)　ここで西周の具体案（憲法案）を載せてみよう。

一一月下旬、西は慶喜側近の平山敬忠にこの憲法案を、「議題草案（制度腹稿）」として提出している。その要旨は以下のとおりである。

まず、国政を政府の権、大名の権、朝廷の権の三つに分ける。

①政府の権は、即ち行政権であり、徳川家の当主が「大君」と称され、行政権の元首として、政府を大坂に設け、政府の官僚を置いて全国の政治を行なう。官僚のうち「宰相」だけは「議政院」の選挙した三人のうちから大君が一人を任命し、他の官僚は大君が自由に任免できる。各藩領内の政治は、議政院で議決する法律に抵触しない範囲で各藩主に任せ

る。

②次に大名の権であるが、これは立法権である。上院は、一万石以上の大名で構成され、下院は各藩一人の藩士を選任する。議政院の権限は、法律及び予算の制定、外交・和戦など重要事項の協議である。

ただ徳川氏は、その最大領地の所有並びに親藩・譜代大名の支持を得て、比例代表のように上院議長に選出され、且つ下院の解散権を持つ。

③朝廷の権は、元号制定、叙爵権などほぼ儀礼的権威に限定されている。

以上から分かるように、なるほど大君の権限が突出して強大だ。ここでは天皇は具体的権限がなく、むしろ現代の象徴天皇制に極めて近い。石井博士は神権天皇制への批判と反省からであろうか、この大君制の構想が実現していたら！　との思いが人一倍強いのではなかろうか。

事実、石井博士の説には一理も二理もある。なぜなら、公議政体論には行政権の観点が全く欠落している。これは当然と言えば当然のことで、彼らはそもそも「藩」の存在を前提とし、ともかく議政院を設置しようというだけのことなのである。だから行政権の行方について論じることは、そもそも藩に対する越権行為且つ内政干渉となる。公議政体論が急速に支持されたのは、藩に対する干渉がなく、しかも藩が政治参加できるという藩の側から見れば良いことずくめだったからであろう。

慶喜は自己がそもそも最大藩主であり、しかも慶喜支持勢力が多いことを考えた。そして、公議政体論には全く欠けている行政権の構築について一歩進んだ憲法案の提示を来たるべき議政院にて行ない、一気に政治の安定化を図ろうとしたと推測することも出来なくはない。

筆者は、慶喜がこの大君制の実現にどれほどの意欲と自信を持っていたのかは分からない。しかし一一月二七日、永井は、春嶽の近臣中根雪江に「日本はしまいには郡県制度になるとの意向を上様は持っておられる」と語っている。西は三月から慶喜の奥右筆に就任しており、怜悧な慶喜は既にこの段階で大君制の構想を温めていたのかもしれない。すると、慶喜はやはり大君制を目指すことによって、「最後の将軍にして最初の立憲開明君主たらん」としたのであろうか？

余談だが、慶喜はこの頃から西にフランス語を習い始めた。これは洋書を読みたいという慶喜自らの希望によるもので、公務が極めて多忙な中で、彼の知識欲が極めて旺盛なこ

とを示すものである。森鴎外（西の甥）が、その『西周伝』で当時の様子を簡潔に伝えている。曰く

径に仏蘭西の二十六文字及び其の発声法を録してこれを上る。此より日ごとに出でて教ふ。未牌より申牌に至る。慶喜、記性人に過ぐ。数日にして能く読み、能く書し、文字より単語に及び、単語よりして連語に及ぶ

しかし、七月下旬になると、

当時慶喜の朝観、暮におよびて退出するを常とす。一日参内夜を徹す。暁に退き、周を召して仏蘭西語を講ぜしむ。忽ち歎じて曰く、学と政とは竟に兼ね行うべからざるか。弧、今朝一句を誦ぜず、と。遂に仏蘭西語を廃す

仮に彼は外交官になっても超一級であったと推測される。やはり、慶喜という人は司馬遼太郎の言葉を借りれば、百才を持って生まれた男なのかもしれない。

（五）話を戻そう。慶喜はすぐ政権を返上するなどとは微塵も考えていなかった。そもそもそんなことが出来る訳がない。幕藩体制という限られた中であっても、幕府は紛れもなく統治権の主体であった。それは幕領での治安維持、徴税、訴訟取扱、インフラの維持、若干の福祉、衰えたとはいえ諸藩への命令権、そして何よりも外交権の把握であった。

これらの権限は「返す！」と言って済む問題ではない。借金の返済とは訳が違うのだ。朝廷には行政権を行使する組織がない。慶喜はそんなことは百も承知で、これを投げ出したら無責任そのものではないか。だから慶喜は、大政奉還の上表では、朝廷が日本の統治の主体だ、と言ったまでである。

その証拠に、征夷大将軍の辞表を提出したのは少し後である。この官職は当時の公式的な日本政府たる根拠であったから、政府を投げ出すとは言っていないのである。慶喜は大政奉還のすぐ後、内政について数箇条を列挙し、議政院が開設されるまではこれまで通りでよいか念押ししている。

朝廷は一〇月二六日、「外交・内政共に、平常の業務はこれまで通り」という内容の返事をすると同時に、将軍職の辞表を却下している。結局、慶喜は議政院が開設されるまで、実質的な日本政府代表であり続けることになったのである。

こうして大政奉還は大きな波紋を呼び、彼の名声は一気に高まったのである。パークスはこれを冷静に評価し、自己の権力を犠牲にして日本を平和に導く行為であると絶賛している。そして他の有力大名にも慶喜に習うべきだと述べている。

パークスは、慶喜がその権力を犠牲にしてまで内乱を防止し、公議政体論者に妥協して、日本を近代化に導こうとしている姿勢に深く感銘したのである。パークスが日本の内乱を望まなかったのは明らかだ。

(六) しかしこの決断には、守旧派が猛烈に反対してきた。まず江戸の幕閣である。

一〇月一七日に江戸城で大評定があり、出た結論は、大政奉還反対論であった。京都と江戸で離れていることもあり、慶喜は幕閣に根回しをしていなかった。何よりも守旧派は元々慶喜嫌いが多い。革新官僚の小栗はその日記に「去ル十三日世界形勢を御洞察候処、政令一途に不出候ハバ、万国之御交際ニモ拘リ候に付、政権を御所へ御帰被候旨被仰上候処……」と事務的だが、極めて的確に記している。

一一月一一日、老中格（陸軍総裁）松平乗謨、同稲葉正巳（海軍総裁）が大政奉還の真

意を糺すため上京してきたが、慶喜の説得に納得したのか、その親諭書を携えて江戸に戻った。しかし幕府は、陸軍奉行石川総管が歩・騎・砲兵三兵を引率して、軍艦富士山丸で上京してきた。

更に何よりも、慶喜の両翼たるべき会津藩、桑名藩の反発は凄まじく、大政奉還はことごとく薩摩の陰謀と断じ、薩摩藩邸攻撃も辞さぬ勢いを示していた。また親藩・譜代大名に限らず、外様大名の間でも大政奉還に対する反発が大きかった。

慶喜はこれらに対し、一々説得し、自分の行動が正しかったことを縷々述べて微動だにしなかった。

しかし、慶喜の真意を理解するものは極端に少数で、側近の永井他数名という状況であった。閣老の板倉も古い幕府に未練があり、謀臣の梅沢孫太郎すらも慶喜の真意を理解できなかった。皮肉なことだが、敵方討幕派の方が慶喜の真意を理解していたのではなかろうか。

5　大政奉還後の公議政体派の活動とその挫折

慶喜の大政奉還により、史上初の議政院の開設が日程に上った。しかし参集を命じられた大名達は思うように集まらなかった。朝廷が大名に上京を命じたのは一〇月二一日であったが、出足が思わしくなく、再度一〇月二五日に上京を命じた。その期限は一一月二五日であった。しかし上京してきた諸侯は一六藩のみで、会議開催の見込みが立たなかった。大多数の諸侯は、政争に巻き込まれたくなかったのであろう。いずれも日和見を決め込み、上京を渋った。

公議政体論は確かに当時の正論そのものであった。しかし、正論だけでは政治は動かないのも現実であった。また、帰藩した薩摩の小松が京に戻らなかったことも、後藤の焦りを深めた。

小松は武力討幕派と一線を画し、半ば公議政体派であった。しかし薩摩の国元で討幕一色になったとき、彼は居場所がなくなったのであろう。足の痛みを理由に帰京して来なかったのである。

後藤はここに至り、在京の諸藩主だけでも議政院を開設した方が良いと考え、行動を開始した。しかし、彼は有力公家への工作に手抜かりがあった。朝廷の下、議政院を開くのだから、公家側の同調者がぜひ必要であったが、彼はそこには大きなパイプがなかった。これは大久保・岩倉のコンビに比べて大きなハンデとなった。徒らに時を移すうちに西郷らのクーデター側が主導権を握ることになるのである。

6　西郷らの第二次クーデター計画の推移とその変更

ここに討幕派のクーデターに至るまでの行動を少し追ってみたい。

慶応三年

一〇月六日　岩倉と大久保初めて会談。王政復古を画策、太政官職制案を協議。

一〇月一七日　薩摩小松・大久保・西郷、長州広沢・福田・品川それぞれ討幕の密勅を携えて帰藩。

一〇月二七日、長州藩主毛利定広と安芸藩主浅野長勲が新湊で会見。安芸藩、出兵に同意。

一一月一三日、島津忠義、軍艦にて鹿児島を出発。藩兵三千名を満載。

一一月一六日、帰京した大久保は早速岩倉と会談。

一一月一八日、島津忠義と毛利定広の両藩主が三田尻で第二次出兵同盟を結び、芸州がこれに加わる。

一一月二五日、長州藩兵千二百名出発。

一一月二三日、島津忠義兵三千名を率いて上京。

一一月二八日、芸州藩主浅野長勲藩兵三百名を引き連れて入京。
一一月二九日、長州藩兵八百名が西宮に布陣。
一二月一日、西郷・大久保、岩倉らがクーデター計画を決定。
一二月二日、西郷・大久保より後藤にクーデターの計画が伝えられる。

以上のとおり、西郷・大久保らは伝家の宝刀、討幕の密勅を携えて帰藩し、精力的に久光らを説得し、薩摩藩を完全に討幕一色に統一することに成功した。

彼らは当初、京を制圧し、幕兵、会津藩兵らの屯所を襲撃し、大坂城を焼き討ちする計画であった。しかし、京に進出すると大政奉還を挙行した慶喜の名声が一気に高まり、また、土佐・越前・伊予を中心とする公議政体派の有力大名も議政院政治の開設に向かって運動していた。

ここで薩摩はクーデター計画をそのまま実行することは、有力大名の支持を得られないと判断し、クーデター計画の変更を迫られることとなったのである。即ち、幕府側への襲撃を断念し、御所制圧のみを実行することになったのである。

しかし、この時期の慶喜の行動には分からないことが多い。なぜなら、大政奉還後の議政院の開設に何ら積極的な手を打っていないからである。慶喜が積極的に議政院開設に根回しをしていたら、状況はもっと違った展開になったのではないか。何故それをしなかったのか。大政奉還に反対する幕臣達の説得に追われていたからか、あるいは将軍就任の際、周旋運動をやり、これが不評であったので下手に動いてあらぬ疑いを掛けられるより何もしない方が得策と考えたのか、あるいは既に原市之進この世になく、慶喜の手足となって働く者がいなかったのか、その辺りは筆者には分からない。

尚、クーデターのタイムリミットは一二月七日前後であった。これはまさに兵庫開港の期日である。欧米列強は兵庫開港による貿易開始で賑わう京阪地方が内乱になることには絶対反対であった。この意味で日本国内の政局そのものが、欧米列強の思惑と政策に大きく影響されていたのである。

7　小括として大政奉還の歴史的意味

では慶喜の大政奉還は、その後の歴史にいかなる影響を与えたのであろうか。

まず大政奉還によって、日本初の議政院の開設がいよいよ日程に上った。これは画期的なことであった。日本人が平和裡に自発的に統治方法を変更する初めての試みであった。この時点で公議政体派の政治的立場が強化された。公論に基づくものだから、これには表だって文句を言うことは誰も不可能なのだ。

また大政奉還によって、自己の権力を犠牲にしてまで日本を平和裡に近代化しようとした徳川慶喜の名声も一気に高まったのである。

しかし政治とは儘ならぬもので、結局、議政院は開設されないまま薩摩が王政復古のクーデターを敢行してしまったことは何度も述べた。しかし薩摩も正論を展開する公議政体派の勢力を無視することも敵に回すこともさすがに出来なかった、というより、それが出来る状況ではなかったのである。

先述のとおり、薩摩のクーデター計画は大幅な変更を余儀なくされ、当初の御所制圧、幕府主要機関への襲撃というスケジュールの内、前者のみを実行することになったのである。

筆者は何故公議政体派の土佐、越前、尾張がクーデター政権に参加したのか、長年分からないままであった。あまたの歴史書の解説を読んでも全然納得できなかった。しかし、本章で紹介した高橋教授の論文でその疑問が氷解した。要するに公議政体派は、その勢力を無視できなかったクーデター政権に参加することによって、自らの政治的主張を貫くとともに、併せて徳川方との妥協を求めようとしたのであろう。

またこれも当然の疑問だが、筆者は春嶽からクーデター計画を数日前に知らされていた慶喜が何故これを阻止しなかったのか全く理解できなかった。慶喜がこの時から既に機能不全に陥っていたなどと論ずる無責任な書物も散見する。仮に薩摩が当初のクーデター計画をそのまま実行しようとするなら、慶喜も決然と鎮圧に向かった筈である。

しかし襲撃計画を止め、御所制圧だけを薩摩が決行することを知った時、慶喜は武力鎮圧を控え、とりあえず土佐・越前・尾張などの公議政体派の巻き返しを期待したものと推測する。それによって無用な武力衝突を回避できる、逆にクーデターをやった薩摩は政治的に孤立する、と踏んだのではなかろうか。

事実この後の政局は公議政体派が圧倒的に有利になり、クーデター政権を樹立した薩摩は逆に政権内部で孤立すらし始めたのである。この勢力関係が崩れ去ったのは、鳥羽伏見の一発の銃声からであった。このあたりは次章以降で述べるとする。

以上まとめると、薩摩クーデター計画の変更修正及び、クーデター政権内での公議政体派の勢力回復拡大、この二つが慶喜大政奉還のその後の政局への影響であったと考える。

第七章　王政復古のクーデターとその後の政局

1　時系列等

慶応三年一二月の僅かひと月の間に、日々刻々と生起した重大事件をまず時系列で整理してみたい。前章と若干重複することを許されたい。

一〇月二五日　西郷・大久保らが御所制圧、辞官・納地の要求を骨子とする薩摩のクーデター計画案を策定。

一二月　一日　西郷・大久保及び岩倉ら討幕派の公家がクーデター計画を決定。決行の日を一二月五日と想定した。

一二月　二日　西郷・大久保より後藤にクーデターの計画が伝えられる。後藤が決行の延期を求めたので大久保らは八日決行で了承した。

一二月　五日　後藤は更に決行延期を要請した。出来れば一〇日にしてほしいということであった。またこの日後藤は、政変の計画があることを松平春嶽に告げた。

一二月　六日　春嶽は家臣の中根雪江を二条城に遣わして、薩摩藩に政変の計画があることを慶喜に伝えた。このとき中根は、摂政・関白、幕府などの廃止や新人事は当日九日に発表の予定、などについては伝えたが、肝心の辞官・納地についていては何ら触れていない。そもそもこの件は、後藤が春嶽に伝えていなかったのである。

十二月　七日　乗輿の準備が間に合わないことを理由に中山忠能が延期を主張したため、決行は九日と決まった。また後藤は尾越両藩への早い通告を主張したが、大久保が反対し、八日のできるだけ遅い時刻の通告を主張した（実際もこうなった）。

同　日　旧幕府の手により、念願の兵庫開港式が盛大且つ堂々と執り行なわれた。英・仏・米・蘭・普・伊の六カ国公使が招かれた。

十二月　八日　正午、朝廷会議が開かれ、深夜に至り、長州藩主親子の官位を旧に復し、上京を許可するとの決定を行なった。慶喜は事前に賛成の意思を表明していたが、この会議に慶喜・容保・定敬は欠席した。

同　日　夕刻、岩倉が五藩（尾張・越前・薩摩・土佐・芸州）の重臣を集めて、明日の卯の刻（午前六時頃）各藩の藩主に軍装にて藩兵を引き連れ参内するよう朝命を伝えた。

同　日　山内容堂ようやく入洛。

一二月　九日　午前一〇時頃、クーデター決行。薩摩藩を中心とする武装兵が御所の九門を固める中、学問所にていわゆる王政復古の大号令が渙発された。また、摂政・関白、征夷大将軍、議奏・武家伝奏、京都守護職・同所司代などの旧職が一方的に廃止された。更に二条摂政、中川宮などの佐幕派の公家二六人の参朝を停止した。

次いで、以下のとおり、総裁・議定・参与の三職を臨時に置く、と発表した。

総裁　有栖川宮熾仁親王

議定一〇名　仁和寺嘉章親王、山階宮晃親王、中山忠能、正親町三条実愛、中御門経之、徳川慶勝、松平春嶽、浅野長勲、山内容堂、島津忠義

参与 二〇名　五藩から三人づつ指導的藩士

同　日　夕方、小御所会議開かれる。議題は徳川家の処分つまり辞官・納地問題そのものであった。

一二月一〇日　クーデター政権の議定に就任した松平慶勝・松平春嶽の両名が、辞官・納地の朝意を二条城の慶喜に伝えた。

一二月一一日　上京を許された長州藩兵が宮門の警護に就いた。

一方、二条城の徳川勢力は激昂して薩摩藩邸襲撃を呼号した。慶喜は彼らに禁足を命じた。夜中、二条城に呼ばれた榎本武揚は「グズグズさえ致し申さず候へバ、勝利は十分之者に見受けられる」と述べている。

一二月一二日　慶喜、二条城を退去し大坂城に拠る。

同　日　容堂が諸侯会盟の「議事公平の体」、「三職評議の規則」を早く建てよ、と建議。

同　日　阿波・筑前・肥後・盛岡・肥前など有力一〇藩は、宮門警備の中止（つまりは御所の占拠の中止・解兵）と公議の早期確立を要請した。

一二月一三日　岩倉が大久保に、慶喜が納地を拒否すれば一戦交える覚悟か、それとも公議政体派の周旋に任せるかを打診。大久保は意外にも後者を選択する旨回答。

一二月一六日　慶喜、大坂城にて英・仏・米・蘭・伊・普の六カ国公使を引見。自らが日本国代表であることを宣言。クーデターを指導した薩摩藩や公卿達を、「幼主を挟み、叡慮に托し、私心を行い、万民を悩ます」と非難した。

一二月一七日　岩倉が、孝明天皇の没後一年祭の費用五万両の供出を慶喜に依頼。慶喜、これを快諾。

一二月一八日　各国公使宛の王政復古の布告文案（大久保の起草）は、春嶽・容堂の副書拒否によって流れてしまい、クーデター政権は国際的に認知されない政権であることが明らかとなった。

一二月二〇日　パークスが「幕領のみ削り、他の候領を差し出さず候こと、外国人には至当と存ぜられず候」と薩摩藩に伝えた。

一二月二三日・二四日　辞官・納地問題の朝議が開催されたが、岩倉は病気と称して欠席、日和見始めていた。

一二月二四日　朝議が開かれ、辞官・納地問題について以下のとおりに決まった。即ち、慶喜は前内大臣を称し、納地については「天下の公論を以て御確定」する、という沙汰書を出すことに決した。大久保は「天下の公論を持って返上」と奏請したが多数意見に敗れた。
容堂は、慶喜がこの沙汰書を承諾したら列藩も貢献（納地のこと）の制度を立てよと建言し、これも承認されている。

一二月二八日　慶喜は右の沙汰書に対する請書（承諾書）を提出、近々のうちに上洛することが合意された。

2　初めに　公議政体派の理念と薩摩討幕派の権力行動そして慶喜の展望

後藤を中心とする公議政体派は、政治制度の確立（議政院の設置）を近代化の目標とした。まさに正しい見解である。大政奉還はこの機運を更に加速し、議政院開設は当時の日本を風靡した。明るい日本の建設を皆夢見たのである。

その招集のため後藤は事ある毎に公正無私を標傍し、これを熱く語った。正義は必ず達成する、の信念であった。しかし肝心の諸侯は京都に集まらなかった。譜代大名は旧幕府に遠慮し、外様大名は紛争に巻き込まれたくなかった。大政奉還以降混沌とする政治情勢の中で迂闊に上洛してとばっちりを受けたくなかったのである。

そんなきれい事を言っているより、いっそのこと徳川勢力と薩摩が一戦を交えて黒白（こくびゃく）をつけた方がスッキリするのではないか、諸侯達は固唾を呑んで見守っていたのではなかろうか。ここに公議政体派の限界があった。政治は理屈だけでは動かなかったのである。

薩摩討幕派はこの点もっと現実的だった。即ち日本近代化の方法を徳川と薩摩のヘゲモニー争いとして捉え、何がなんでも徳川を政権から追放しその権力を奪い、薩摩主導の政府を作る、この一点が彼らの至上命題であった。

だから彼らが公議政体派に賛成したのは、よく言われているように薩摩も公議政体の樹立を支持していたから、などというのは誤りで、彼らにしてみれば他に政治制度の選択肢が浮かばなかったので賛成したまでであり、そんなことは本心はどうでもよかったのである。彼らの目的はとにかく慶喜から政治の実権を奪う、その旗印として天皇を押し立てる。それから先はどうにでもなると考えていたのであろう。

討幕派には政治制度のビジョンが乏しいとよく言われる。しかし彼らは、どんなに優れた政治ビジョンも政権の安定なくしては画餅であることを嫌と言うほど知らされていたのである。だから政治力学的観点から言えば、後藤より薩摩の方が遙かに現実的だった。

では、徳川慶喜はどう考えていたのであろうか？

慶喜は当時の日本の行政権を掌握していた。だから内外に対し責任を負う立場であった。彼の最重要課題は、内戦の回避だったと推測する。欧米列強のひしめく東アジアで日本のような小国が内乱になれば、列強の干渉を招くことは火を見るより明らかである。慶喜はこうした事態だけは避けたかったに違いない。

怜悧な慶喜は議政院の開設に理解を示してはいたが、しかしこれがスムーズに開かれることには大きな疑問があったのではなかろうか。それというのも過ぐる慶応二年、彼が将軍に就任する際、諸侯に上洛を求めたが全く反応がなかった。当時は長州征伐の失敗で幕府の権威が地に墜ちており、諸侯が上洛しなかったことは止むを得ないことであった。

慶喜はこの時、政治は安定した権力の担保なしには実行されないことを嫌と言うほど知らされたのである。だから徳川と薩摩が鋭く対峙する今日、諸侯がのんびりと上京する訳がない、と判断していたのではあるまいか。

では、慶喜は諸侯の上洛を心底待ちわびていたのであろうか？　筆者はそうでもないような気がする。仮に議政院が開かれなかったとしても、「きれい事を言っても結局議政院など出来ない」となり、慶喜に傷はつかないと推測されるからである。

更に一二月七日、後述するように、神戸は旧幕府の手により堂々と開港されており、この管理権は旧幕府がしっかり握っている。

以上、何事もなく推移すれば時間切れで慶喜の勝ちになるのだ。だから慶喜は議政院の開設に熱心でなかったのかもしれない。その意味で彼は薩摩の権力奪取行動を誰よりも理解し、且つ警戒していたのではなかろうか。要するに慶応三年一二月は日本近代化のヘゲモニー争いの最終局面であった。

ではなぜ慶喜は薩摩のクーデターを許したのか？　薩摩の政権奪取への執念を甘く見たのか。それとも政治工作だけで薩摩を封じ込める自信があったのか。彼は辞官・納地を求められた時、薩摩の本心を見抜き自分を追い落とそうとしていることに気づいた筈だ。しかし彼は勝利の確率が高いにも拘わらず、薩摩と一戦を交えることなく大坂に退去している。

慶喜が大坂に退去してから急に強気になったことを「敵の姿が見えなくなったので急に強気になった」などと揶揄する者がいるが、筆者は全然違うと考えている。要するに京で干戈を交えれば蛤御門の変の二の舞になる。京が戦場になり荒廃すれば、困るのは行政権を持つ慶喜自身である。敵を倒すことにのみ集中している西郷や大久保とは訳が違うのだ。だから慶喜は戦わずして薩摩を屈服させる方法を選択し、大坂に退去したのではなかろうか。

果たしてクーデター後の京都の政局は、慶喜の見込み通り公議政体派が断然優勢になり、辞官・納地問題も曖昧になった。慶喜が有利になったのは明らかである。

しかし慶喜にも弱点があった。その元凶は誰あろう、江戸から来た幕臣達である。彼等は終始慶喜の足を引っ張り続け、最後は暴発して徳川氏没落の原因を作ったのである。江戸の幕臣達と慶喜は元来仲が良くない。慶喜が大政奉還して以来その関係はつとに悪化している。

彼等は大体が守旧派であるが、小栗などの革新官僚も慶喜を快く思っていない。彼等は慶喜の指示も待たずに江戸から軍艦で大坂に続々押しかけ、口々に薩摩の罪悪を糾弾し、「薩摩討つべし！」と呼号していた。この兵力はまさに諸刃の剣で、クーデター政権に大きな圧力になる反面、慶喜を突き上げることにも熱心な困った連中であった。慶応三年一二月の大坂城はまさに火薬庫そのものであった。

更に彼のスタッフは極めて少数で、慶喜の政策を理解・実行できるのは永井尚志くらいなもので人材不足も甚だしかった。原市之進クラスの側近が一〇人もいれば、だいぶ状況は違ったものになったであろう。要するに慶喜政権は脆弱だったのである。

これを例によって慶喜の人格不足を理由にする者がいるが、この種の論法は極めて無責任である。要するに十四代将軍を家茂と争った時以来、慶喜の置かれている状況がそうさせたのであり、また携帯電話もない当時は、江戸と京都の意思疎通が極めて困難だったことも付け加えておきたい。

3　クーデター決行前夜の薩摩討幕派と後藤等公議政体派の駆け引き

（一）大久保・西郷と後藤の遣り取り

一二月二日、薩摩両名からクーデター計画を告げられた後藤は困惑し、且つ悩んだに違いない。

議政院の開設を目標として活動していた後藤にとって、クーデターは穏やかならざるものであった。しかし、上洛期限の一一月三〇日を過ぎても容堂は入京すらしていない。更に他の諸侯の上洛も進んでおらず、議政院の開設は完全に暗礁に乗り上げていた。

一方薩摩のクーデターの決意は固い。また、彼らの三職構想は議政院に似ていなくもない。後藤の政治行動の二大原理は、内乱の回避と議政院の設置である。彼は悩みながらもクーデター政権に加わることを決意したのであろう。何よりも薩摩の計画は当初の上方徳川勢への軍事攻撃を取り止め、御所制圧等を主としたものであったので後藤も妥協できたのであろう。

他方、大久保・西郷は何故このクーデター計画を後藤に告げたのであろうか？

答えは明白である。当初の計画のように上方徳川勢への軍事攻撃を決行するのなら、薩摩藩及び長州藩のみで行なった筈である。しかし、前章で記載したように薩摩主力が上京した時は、日本中に公議政体論が風靡し始めていた時である。しかも大政奉還を決行した慶喜の名声は大いに高まっていた。軍事的に絶対勝利する確信がない中で武装蜂起すれば他藩の支持を全く得られない行動となり、政治的敗北は必至であった。

そこで薩摩は戦略を切り替え、公議政体派の抱き込みを図ったのである。即ち御所制圧のクーデターは決行するが、そこで出来る仮政府に公議政体派の諸侯を誘い、薩摩主導の連合政権を作り、徳川勢力の追い落としを図ろうとしたのである。

要するに後藤を中心とする公議政体派と薩摩討幕派（幕府は既に存在しないのでこの表現は正確ではないが許されたい）は、クーデター政権という仮政権を形成したものの全くの同床異夢であったのである。だからクーデター政権が後に分解するのは必然だったと言える。

(二) 後藤の奮闘

後藤が二度に亘ってクーデターの延期を申し入れたのはよく知られた事実である。容堂の到着が遅れている以上、後藤としては何としても容堂が来てから政変をやってもらいたかったのだ。

また、後藤は単に日時の延期を求めただけではない。越前・尾張にも早い時期にクーデター決行の計画を知らせるべきだと主張している。これは大久保が反対して通らなかった。しかし後藤は春嶽にこれを知らせ、春嶽は慶喜に知らせている。この一連の行為は一見裏切り行為のように見えるが実はそうではなく、後藤としてはクーデター計画を有力諸藩に知らせることによって政変を混乱なく行ないたかったのである。更に慶喜に知らせることによって、慶喜の鎮圧行動を防止し、内乱を回避することを目論んだのである。事実、後藤から情報を得た慶喜は、動員を控えている。

更に薩摩が絶対譲れない辞官・納地についても、大久保らは当初、勅命降下で慶喜に有無を言わさず命令する予定であったが、後藤はこれを、越前・尾張の周旋方式にて慶喜に伝えるというソフトな方法を主張し、結局薩摩が折れて事実そのやり方になった。

要するに後藤は薩摩の言いなりなった訳でも何でもなく、自らの主張をかなり通しているのである。薩摩は公議政体派の諸侯をクーデター政権に抱き込む以上、この程度の妥協は我慢するしかなかったのである。

しかし後藤は、薩摩から聞いた辞官・納地問題を春嶽に告げていない。だから慶喜は、薩摩が土地を返せ！　と迫ることまでは予想をしていなかったのではないか、と筆者は推測している。後藤は肝心のこの件を何故春嶽に言わなかったのであろうか？　この答えも明白である。これを慶喜が知れば鎮圧行動に出る可能性が高い、と踏んだのではあるまいか。筆者も仮に慶喜がそれを知ったら薩摩の真意を見抜き、一戦交える覚悟を固めたのではないかと想像する。

後藤がオポチュニストと言われるのはこの辺りであろうか。しかし、彼には彼なりの信念があったのだろう。こうして薩摩討幕派と公議政体派は妥協しながら一二月九日のクーデターを迎えるのであった。

4　クーデターの決行と小御所会議

王政復古の大号令の後、史上有名な小御所会議が開かれ、ここで徳川氏の処遇が議題になったのは誰もが知るところである。

岩倉と大久保が、徳川領を四百万石と見立ててその半分の二百万石を返上せよ、と要求したのである。その理由が陳腐だ。慶喜の罪状を並び立て、政権返上した慶喜が今までの罪を真に悔いて反省しているのなら、領地を返上してその証を立てるべきだというのだ。

こんな馬鹿げた理屈はあり得ない。何故慶喜のみ土地を返さなければならないのか。更にそもそも慶喜の罪とは何か？　将軍就任以来日本のために全力を尽くし、しかも平和裡に政権返上すらしている。そんなことを言うのなら、まず島津七七万石を率先して返上すべきではないか。藩の存在を前提として国政改革をしようとすれば、このような言い分は議論にもならない単なる言いがかりである。

だから前日ようやく入京し、議定に就任した山内容堂は怒りまくった。即ち、「今日の挙は、事頗る陰険に亘り、朝敵未だ現れざるに戎装し、会桑二藩は斥けられ、殺気勃々輦下に満つ。実に不祥の甚だしきものなり」と怒りを露わにし、更に慶喜の大政奉還を史上空前の美挙と讃え、即刻この席に慶喜を呼ぶべきだ！　と大声で怒鳴ったのである。

そしてこのあと、小説やドラマだけでなく歴史書さえそのように記している、容堂と岩倉との遣り取りがクライマックスの名場面となっている。『岩倉公実記』が記す挿話を長くなるが引用してみたい。

すなわち容堂が酒の勢いもあって、「二三の公卿は何等の意見を懐き此のごとき陰険に渉るの挙をなすや頗る暁解すへからす、恐らくは幼冲の天子を擁して権柄を竊取せんと欲するの意あるに非らさるか」と決めつけると、岩倉が、「此れ御前に於ける会議なり、卿当さに粛愼すへし、聖上は不世出の英材を以て大政維新の鴻業を建て給う、今日の挙は悉く宸断に出つ、幼冲の天子を擁して権柄を竊取せんとの言を作す、何そ其れ亡礼の甚だしきや」と叱責し、容堂が詫びた、という場面である。

しかし高橋秀直教授の論文によれば、この岩倉の言は、明治になり、岩倉の業績を讃えるために編纂された岩倉公実記を根拠としている。また天皇の権威を損なう容堂の発言を否定したかったのであろう。当時の詳細な記録である『丁卯日記』にはこの遣り取りについて容堂の発言は記載されているが、岩倉の発言は全く記されていない。公平に見て、岩倉の発言はあり得ず、後世の作り話であると考える。

そもそもこの時の天皇は、元服していないので一人前として認められていないのが当時の常識であった。だから容堂の発言は不敬でも何でもない。クーデター政権は天皇を取り込みしかも、摂政・関白を一方的に廃止しているので、天皇の意思を代弁する公式機関すらないのである。だから容堂が怒りまくったのは当然であった。そもそも大藩の太守で賢候の誉れ高い容堂を、下級公家の岩倉が叱責することなど出来る筈がないのである。

ただ実のところ、クーデター直前に薩摩と公議政体派は話が出来ていたのである。容堂は遅れて上京したので、後藤とも十分な打ち合わせが出来なかった。だから議論を振り出しに戻してしまったのである。これに力を得た春嶽が容堂に同調したので、会議が混乱したのであった。事実、容堂はこの後も岩倉との議論から一歩も引かず、これに手を焼いた討幕派は休憩を申し出たのであった。

しかしこの日、容堂は休憩後の議事再開で一転して沈黙した。西郷が岩倉に、「短刀一本あれば片づく！」と言い、後藤がこれを容堂に伝えたので、容堂は廉前を血で汚すことを懼り、沈黙したのであった。

目的のためには天皇の前で大藩の太守を刺し殺すことをも平然と実行しようとする西郷は、究極の暴力行動家と言うべきか。

以上から分かるように、クーデター政権は発足当日からやっと初日を乗り越えただけであり、とても薩摩の思い通りではなかったのである。

5　紛糾する辞官・納地問題とその後の政局

薩摩・長州・芸州が第二次出兵同盟を結んだ慶応三年一〇月末段階では、当然のことながら納地問題など全く意識されることはなかった。なんとなれば、武装蜂起して上方徳川勢を打ち破り、政権を奪取するという計画においては、納地など必要ない。敵を打ち破り、その領地を奪えば済むことである。戦争をやろうとする者が納地など考えること自体が可笑しい。

しかし武装蜂起を止め、御所制圧のクーデターのみを行なう方針に切り替えていく過程で、彼らは「我々が天皇政権だ！」と声高に叫んだところで、物理的且つ経済的な裏付けがなければただの亡命政権に等しい、という現実を突きつけられたのである。クーデター政権はその権力の裏付けとして徳川の領地を奪わなければ、政権の安定など望むべくもない。納地の要求は必然だったのである。これが慶応三年一一月二五日に薩摩が決定したクーデター計画案であった。

仮に百歩譲って、家近教授の言うように「大政奉還によって、慶喜は日本政府を返上したのだから政府の公領は必要なくなった。普通の大名に相応しい土地以外は返上せよ」。という言い分も一分（いちぶ）位はあるだろう。

しかし、大久保らの言い分には無理がある。軍事力を動員しクーデターを敢行して、俺が政府だ！　土地を出せ！　というのは虫が良いと言うより、非道い論理である。だから慶喜はさすがに即答しなかった。天皇を担いで好き勝手なことをやって、しかも土地をよこせとはあまりにも非道いのではないかと腸（はらわた）が煮えくり返る思いであったろう。要するに薩摩の主張は、筋の通らない屁理屈であった。

果たして、薩摩等は、この要求を貫き通すことは出来なかった。そもそも、藩の存在を前提として納地を行なおうとすれば、徳川のみ領地を返上する理由は皆無だからである。ましてや慶喜の罪状を並べ立て、反省しているのなら土地を返せ、などという主張は公議政体派の到底容認できるものではなかった。

案の定、容堂・春嶽等の猛烈な抗議で納地問題は骨抜きにされた。薩摩は、三職会議をコントロールすることは武装蜂起より難しい、と危機感を募らせた。納地が認められない限りクーデター政権などじり貧になるしかない、何のために大軍を動員してクーデターをやったのか無意味になるのみか、今までの強引なやり方は諸藩の非難を浴び、京都政界で孤立する危険さえ高まりつつあった。

徳川慶喜はこの状況を待っていたと言える。冒頭の時系列のとおり、一二月二四日の朝議において決定した沙汰書を受けて、慶喜は請書を提出し、ここに慶喜の議定就任つまり京都政界復帰が確実になったからである。このまま議定に就任して、公議政体派を味方につければ薩摩を政治的に孤立させ、平和裡に日本改革が出来ると踏んだのであろう。慶喜はこの時点で安堵したのではなかろうか。自分がやってきたことは正しかった、戦争を回避できる、という展望をようやく持つことが出来たのではなかろうか。

しかし、である。歴史にタラはないが、仮に慶喜が京都政界に復権した場合、政治は安定したであろうか。なぜなら、一時は政治的に薩摩を孤立させても薩摩の強大な軍事力は完全無傷で残っている。更に復権した長州が晴れてクーデター政権に加わり、続々と精兵を入京させれば、公議政体派と討幕派との軍事バランスは拮抗したものにならざるを得ない。とても政局の安定など望めなかったのではなかろうか？

何が言いたいか？　要するに、慶喜はいつかは討幕派と一戦を交えなければ京都の政局は決着しなかったのではなかろうか。その機会は、一二月九日のクーデター直後であったかもしれないし、あるいは鳥羽伏見の戦いで慶喜が眥（まなじり）を決し、幕府歩兵を陣頭指揮して勝利するべきだったのかもしれない。しかし慶喜はいずれも動かなかったのである。その真意はなかなか計り難い。

ところで筆者は、仮に慶喜が薩摩と決戦するなら、その時期は、クーデター直後がベストであったと長年思っていた。その最大の理由は京都市中で争っても朝敵にならないからである。これは鳥羽伏見の戦いで大坂から京都に攻め上り、あえなく敗北したことにより、天皇政権を攻撃しようとした、という思想的敗北を犯したことを考えてのことである。

確かに京都を離れたことが、戦略的失敗だったと指摘する説もかなりある。筆者も以前はそれに与していた。しかしこれは鳥羽伏見で完敗したという結果が出てしまったからであり、筆者の最も戒める後講釈（あとこうしゃく）そのものではなかろうか。

クーデター直後の慶応三年一二月一〇日・一一日の段階では、市中決戦は避けるべきだと判断するのが妥当だったのかもしれない。確かに榎本武揚が二条城に呼ばれた時、旗本・会津藩兵等は戦意満々であった。しかし彼らは激昂し、興奮し切っており、冷静さを全く欠いていた。戦（いくさ）に勝つ為には、決死且つ冷静な覚悟が必要である。興奮は内なる敵だ。

加えて慶喜は薩摩兵児の圧倒的強さを、蛤御門の変の時に目の当たりに見ている。このとき会津藩兵は長州に押されて潰走している。一抹の不安が慶喜の脳裡をよぎったのかもしれない。また何よりも京都で戦（いくさ）をしたくなかったのが最大の理由であろうか。

こうした状況の中で、大久保を中心とする薩摩藩士は焦燥感を募らせていた。辞官・納地の進展がはかばかしくない中、一四日以降の薩摩はむしろ戦闘による決着を望むようになった。しかし、公議政体派が多数を占める朝議の中で戦いのきっかけが掴めず苦悩することとなるのである。

また、肝心の岩倉も戦闘を望まなかった。彼は慶喜の議定就任を認め、その上洛を拒否しなかった。岩倉の生涯の目標は王政復古である。それが達成した今、薩摩ほど徳川追い落としには熱心でなかったのかもしれない。ただ「討幕の密勅を出した共犯」という弱みもあり、結局岩倉は薩摩と託生するほかなかったのであろう。

6　最後に兵庫開港について簡単に述べておきたい

冒頭の時系列にあるように、一二月七日、念願の兵庫（実は神戸）開港が旧幕府側の手により堂々と行なわれた。開港に尽力したのは、兵庫奉行兼外国奉行柴田剛中であった。彼は渡仏したことがあり、まさに適役であった。式典では永井尚志の祝辞が披露され、神戸沖では集結した軍艦が二一発の祝砲を放っている

慶喜は、神戸開港により貿易が順調に進展することに大きな期待を持っていた筈である。神戸が賑わえば港を管理する旧幕府側の財政は大いに潤い、しかも諸外国の反対で内乱どころではなくなるからである。彼は徳川による政権維持に強い自信と希望を持ったのではないか。クーデター側がその実行の期限を一二月七日に切っていたのはまさにこのためで

あった。

余談だが、今日の神戸港の発展のきっかけを作ったのは誰あろう徳川慶喜ではあるまいか。遡る慶応三年三月、彼が幕府の命運を掛けて四カ国公使に兵庫開港を宣言し、続く五月、政治生命を賭して朝廷に乗り込み、勅許を取得したことが兵庫開港の始まりだったからである。慶喜は神戸の恩人とも言うべき人である

しかし神戸港には何ら慶喜の痕跡は見当らないようだ。それは維新政府が彼を顕彰するのを嫌ったからではなかろうか。一方、我が三浦半島の横須賀港には幕府勘定奉行小栗忠順の業績を顕彰し、ヴェルニーと小栗の像が建っている。住民の誇りである。

7　小括

未熟ながら王政復古のクーデターを総括してみたい

筆者は、このクーデターそのものは一二月二四日、慶喜の上洛を朝議で認めた段階で失敗となったと考えている。要するに、公議政体派の巻き返しにより薩摩討幕派は戦略上の妥協と後退を余儀なくされたからである。辞官・納地が曖昧になり、しかも慶喜が上洛して議定に就任したら討幕派はお終いである。何の為に大軍を動員して御所を制圧したのか

分からなくなるのみか、討幕派は京都政界で孤立し、追い落とされる可能性すら生じてくる。

その証拠に、大久保は翌慶応四年一月二日、西郷への手紙で「今日に至って戦争に及ばなかったら、皇国の事はこれっきりで水の泡になる」と開戦の決意を促している。

また翌三日には岩倉に、「朝廷は二つの失策を犯した。一つ目は王政復古に際し慶喜の辞官・納地を断行しなかったこと、二つ目は慶喜の下坂を黙認したこと、そして今三つ目の失策を犯そうとしている」、それは慶喜の参朝・議定就任を認めることであるとし、この「三大事」の全てに失敗すれば、「皇国の事凡て瓦解土崩、大変革も尽く水泡・画餅と相成るべきは顕然明著というべし」。今や挽回する道はただ一つ、「勤王無二の藩、決然干戈を期し、戮力合体非常の尽力」の他にはないと即時開戦を訴えている。「勤王無二の藩」は大久保得意の台詞である。

このように大久保自身がクーデター決行以降の事態が、全く思わぬ方向に進んでしまったことを告白しているのである。要するにクーデターは失敗そのものであった。この状況を一変させたのが鳥羽伏見の一発の銃声であった。

王政復古のクーデターを明治政府の出生証明として把握する説があるが、筆者は全然賛成できない。この辺りは次章で述べてみたい。

第八章　鳥羽伏見の戦いと徳川慶喜の敗退

1　薩摩系浪士による江戸市中及び関東一円の騒乱行為そして薩摩藩江戸屋敷焼き討ち事件（あまりにも卑劣な行為なので）筆が進まないが、鳥羽伏見の戦いのまさに導火線となった一連の事件であり、避けて通る訳にもいかない。少し述べてみよう。

西郷らは京都で予想される来たるべき幕府との戦争に備えて、関東一円の騒乱行為を早くから画策していた。手回しの良い西郷は早くも慶応三年一〇月には五〇〇人規模の浪士を関東に潜入させ、騒乱行為の準備を始めていた。この実戦隊長は後に有名になった、益満休之助と伊牟田尚平であった。その目的は騒乱行為を行なって社会不安を増幅させること、更に大きな目的は幕府を挑発し幕府側から戦争をやらせることであった。

慶応三年一一月中旬から浪士隊は挑発行動を開始した。数十人規模の武装した浪士が毎夜のように江戸の富豪や豪商に片っ端から押し入り、数万両規模で強奪するのだった。何の罪もない江戸町民が多数惨殺されたのは言うまでもない。

彼等無頼集団には、以下三つの特徴があった。その一、「御用金を申しつける」と口上する。その二、薩摩訛りの者がいる。その三、逃げ込み先が、決まって三田の薩摩藩江戸屋敷である。ということだった。

江戸町民はこの無頼集団を「薩摩御用盗」と呼んで恐れた。日本橋などの繁華街も夜になると灯が消えたように人の往来が途絶えてしまった。

百万都市江戸の治安が悪化したのではたまらない。幕府は庄内藩に命じて江戸市中取り締まりを行なわせたが、薩摩藩を刺激したくない幕府は、取り締まりを慎重に行なうよう厳命したので抜本的解決にはならなかった。

挑発に乗らない幕府に業を煮やした浪士達は、騒乱行為を関東一円に拡大した。

一一月二九日、薩邸から出発した浪士達は野州出流山で薩摩藩旗を翻し、数百人規模で勤王討幕の決起をした。そして、辺り一帯を荒らし回り、金穀を強奪した。一二月一一日、関八州取締出役渋谷和四郎等が中心となって浪士達を鎮圧、多数捕縛したが敗残兵は薩邸へ逃げ込んだ。

次いで一二月一五日、甲府城乗っ取りを目指して薩邸を出発した浪士の一団は、八王子で急襲され四散。同日、別働隊が相州山中藩の陣屋を襲撃して放火したが、小田原藩兵に鎮圧され、薩摩江戸屋敷に遁走した。

野州等での騒乱行為が鎮圧されると、浪士達は再び江戸での騒乱行為を激化させた。

一二月二二日、庄内藩の屯所に鉄砲を撃ち込み、更には翌一二月二三日、江戸城二の丸に放火するに及んだ。また同日、渋谷和四郎他の関八州取締出役の役宅が、浪士等に襲撃され家族が殺害された。これは野州出流山挙兵を鎮圧したことへの卑劣な報復であった。

これら一連の挑発行為にたまりかねた幕府側は、遂に薩摩藩江戸屋敷を包囲し罪人の引き渡しを要求し、これが拒否され決裂するや薩摩屋敷を攻撃した。激しい銃撃戦になり、薩摩藩士及び薩摩系浪士達は命からがら品川沖から薩摩藩の軍艦に収容されて大坂に向かった。薩摩側の死者は四九人であったという。

以上が有名な薩摩藩江戸屋敷焼き討ち事件の大凡（おおよそ）である。

この知らせが慶応三年一二月三〇日（二八日という説もあるが三〇日が正しいのではないか）に大坂城にもたらされると城内は興奮の坩堝と化した。幕臣ほぼ全員が薩摩討つべし！　と叫び、大坂城は打倒薩摩一色と化し、さすがの慶喜も手がつけられない状況となったのである。

2　仮説　慶喜の選択肢

西郷が目論んだ挑発が見事に成功した瞬間であった。これほどズバリ上手くいった後方作戦は日本史上存在しない。しかしまた、これほど卑劣な攪乱行為も日本史上稀と言うべきである。目的の為には手段を選ばない西郷吉之助の陰湿な一面が垣間見える。

松浦玲氏が徳川慶喜をコンパクトに評伝した中公新書の『徳川慶喜』によれば、クーデター政権に対する慶喜の対応は三つあった、としている。

その一　クーデター政権を武力により叩き潰すこと
その二　クーデター政権に割り込むこと
その三　一切の挑発に乗らず、クーデター政権の自壊を待つこと

これらが選択肢だとしている。筆者も長年そう思っていた。

そして松浦氏は、一を選択したならクーデター政権（天皇政権）そのものを敵とすべきである、という。「薩摩などに担がれた不明の天皇を懲らしめ奉る」という大義名分を押し立てるべきだった、というのだ。要するに承久の故事に学ぶ、ということである。そして二を選択したなら、慶喜は殺されてもいいから丸腰で上京すべきだった、としている。最後に松浦氏は、三の選択がベストであった、としている。筆者も長年松浦氏の説を支持していた。しかし、このようないささか教室説例的な回答では解決不可能だということが最近分かってきた。

そこで、慶喜が議定就任の請書を出した慶応三年一二月二八日現在の段階で、これらの選択肢を検討してみたい。

まず一の選択肢である。筆者はこれが一番だと長年思っていた。この最大の障害は慶喜自身の思想的克服のみ！　と考えてきた。つまりセンチメンテルな尊皇思想を捨て、自らが日本近代化の全責任を負う覚悟を示す戦いをすれば良かったということであろうか。その究極の選択は、幼帝を廃し輪王寺宮を新天皇に擁立することも視野に入れた京都進軍である。思想的には最高にスッキリする。

これだと朝敵になろうと、錦旗が出ようと全然お構いなしだ。フランス式軍装に身を固めた慶喜自らが幕府歩兵を率いて、断然京都に進撃して御所を制圧し、反対派を一掃して新人事を断行するまでのことである。

敗れた薩摩の大久保や西郷は内乱罪で極刑は免れない。討幕の偽書という史上空前の偽造公文書を作らせた岩倉も、（公家なので死罪は免れるが）鬼界ケ島に終生遠島である。想像しただけでも痛快だ。

しかし、この選択肢は事実上不可能だ。当時、クーデター政権は容堂や春嶽の公議政体派が勢いを盛り返し、薩摩討幕派は孤立状態であった。公議政体派は慶喜を議定に就任させるべく周旋の努力を重ね、ようやく一二月二四日、慶喜の議定就任が三職会議にて決定し納地問題も曖昧になった。

要するに公議政体派が尽力して慶喜の京都政界復帰を決めた一二月二八日段階で、クーデター政権そのものを叩くことになれば、春嶽や容堂の努力を無視することとなり、その後の大事な政治上の味方を失うことになる。これでは将来の見通しが立たなくなる。だから慶喜は議定就任を受けた時点で、天皇政権そのものを敵とすることは不可能となったのである。

ここに薩摩を叩く選択肢が、極めて狭かったことが窺われよう。慶喜は戦争をやるにしてもクーデター政権そのものを叩くのではなく、あくまでも「君側の奸薩摩を除く」という限定戦争をやる以外になかったのである。

では第二の選択肢、京都政権への割り込みは可能だったのであろうか？

難しいことに春嶽ら公議政体派は、様々な条件を慶喜に突きつけている。まず軽装で上洛すること、次に毛利大膳親子の官位復帰と同時に議定就任すべきことなどである。後者はまだ我慢出来るとして、軽装での参内など実際出来たであろうか？

何故なら慶応三年一〇月段階では上方徳川勢の殲滅を視野に入れて討幕運動をしていた薩摩の軍兵数千が、完全武装して京都に充満しているのである。いわば慶喜を殺そうとしていた連中である。そこに丸腰で来い！　というのはいささか非現実的である。

春嶽等は一体何を考えていたのであろうか？　議定就任のため上洛するにしても薩摩等武装藩兵の解兵が条件であり、それに薩摩が応じなければ（応じる筈がない）、軽装での上京など現実問題として不可能そのものであったというべきであろう。

最後に第三の選択肢である。しかしこれも非現実的である。公議政体派から上京命令が出ているまさにその時、これを無視して大坂に居座り続ければ、固唾を飲んで見守る諸藩世論は慶喜に失望するであろう。政局は日々変化する。これも出来ない相談である。

ならばどうすれば良かったのか？「歴史にタラはない！」のだが、一度くらいはシミュレーションすることも許されたい。

まず確認したいことは、春嶽等の努力で慶喜の議定就任が決まり、慶喜が請書を出した慶応三年一二月二八日の時点を想定したい。

慶喜はどう対応すべきであったか。

あくまで軽装にて上洛するのなら、御所を固める薩摩藩兵等の解兵を要求すべきであった。そして薩摩等がこれを拒否した場合（拒否するに決まっている）、次の二つの方法が考えられる。

その一、まず薩摩相手に限定戦争を仕掛ける方法しかしこの場合、今まで有利であった大坂割拠が却って思想戦においてはハンデとなる。なぜなら大坂から京都に進撃するので朝敵となり易いからである。では朝敵とならずに、京都に進撃するにはどうするか？　京都は七つ口と言われるように進入路が七つある。だから何も鳥羽街道・伏見街道の二本だけを愚直に進むのではなく、宇治街道・山崎街道・丹波街道など複数の進入路から京都に進撃すれば良いのである。

しかしこの作戦を採ったとしても、京都に到着した後、御所を直接包囲するのか、あるいは薩摩屋敷を包囲襲撃するのか、はたまた二条城に一旦入るのか？　その戦略をしっかりと決めておかないといけない。慶喜は京都進撃の難しさを直感していたのであろうか。しきりに禁闕に向けて発砲するな！　と諭している。

その二、これが究極の必勝法である。

大坂城に割拠して、薩摩を中心とする御所を占拠した兵力の解兵を断固要求するまではその一と同じであるが、上洛を急がないのだ。まず、京都への兵糧を遮断・妨害し、京都政権の干上がりを狙う。解兵に薩摩が応じない場合は以下の手段を取る。

それは、東洋一と謳われる精強海軍を動員し、榎本武揚麾下の開陽丸他幕府戦艦打撃軍が薩摩の本国鹿児島に遠征、艦砲射撃を繰り返すのである。開陽丸の主砲の射程は三千九百メートルであり、鹿児島城の本丸も危ない。場合によっては陸戦隊を上陸させても良い。更に返す刀で馬関にも接近し、下関に激烈な艦砲射撃を敢行する。

これには薩摩も長州も手も足も出ない。地団駄踏んで悔しがってもどうにもなるまい。一方慶喜は大坂城を一歩も出ない。大坂城は薩摩も長州も全く攻撃できない。仮に怒りに任せて攻めて来たら、幕府歩兵の精強伝習隊が出撃してこれを撃退する。その時こそ慶喜は薩摩排除の限定戦争をすべく自ら全軍を指揮して上京すれば良い。

この進軍には、クーデター政権側は錦旗も出せないし朝敵にもし難い。慶喜のワンサイドゲームとなろう。

まあ、歴史に「タラ」はないから架空の戦略でしかないが。

3 クーデター以降の京坂の緊迫した交渉と綱引き

シミュレーションはこれくらいにして現実世界に戻りたい。例によって時系列で事実関係を整理しながら若干のコメントを付していきたい。先章と重複する部分は簡単にした。

慶応三年一二月一二日、慶喜、二条城を退去し下坂。翌一三日、大坂城に入城。

一二月一四日、老中板倉は、徳川家安否分かれるところとして、ただちに兵隊・軍艦とも有り合わせのものは、全て海路で大坂へ送るようにとの「ご沙汰である」と江戸の老中に要求した。

一二月一六日、慶喜、六カ国公使を引見。成功裡に終わる。

同日、永井上京し、春嶽・後藤と会談。納地問題について公論で決定することに合意。岩倉も同意する。

先章で述べたとおり、岩倉は一二月一三日、大久保の決意を打診し、慶喜が納地を拒否した場合、あくまで武力討伐を行なうのか、それとも尾越の周旋に任せるのかを問いただし、大久保は意外にも後者を選んでいる。この遣り取りを前提にすれば、岩倉は春嶽等の意見に同意するほかなかったのであろう。

一二月一八日、永井、下坂。

一二月一七日、慶喜、「挙正退奸の表」を朝廷へ奏上。以下のとおり

宇内の形勢を熟察し、政権一に出でて、万国並立の御国威を輝かさんがため、広く天下の公議を尽くし不朽の御基本を立てたしとの微衷より、祖宗継承の政権を返し奉り、諸大名の上京を待ちて同心・協力、天下の公議・世論を採り、大公至平の御規則

を立てんことを思うの外、他念なきところ。にわかに一両藩武装して宮殿に立ち入り、未曾有の大変革仰せられし。先帝よりご委託あらせし諸官をゆえなく排斥し、一方、譴責を受けた公卿を抜擢、陪臣の輩玉座近くを徘徊するなど実にもって驚愕の至りなり。公明正大、速やかに天下列藩の衆議を尽くさせられ、正を挙げ奸を退け、万世不朽の国是を定めたく奏聞仕る。

更に諸藩に対しては、「思召のほど感激たてまつり候面々は、人数召し連れ早々上坂し候よう致さるべく候」と、征夷大将軍さながらの動員令を発している。

この挙正退奸の上表と、永井の上京との関係をどう判断するかであるが、それぞれ慶喜の本音だと考えたい。クーデター直後の慶喜は若干の動揺があったものの、大坂城に割拠してすぐ立ち直りを見せたのである。それが六カ国公使の引見の成功であり、矢継ぎ早に行なった永井の派遣と「挙正退奸」の過激な上表である。

慶喜は基本的に平和路線で行きたかったと筆者は推測している。これが永井の派遣である。彼に京都の状況を探らせ併せて妥協点を見出したかったのではないか。

それなら何故このような過激な上表を出したのか、疑問は尽きない。しかし慶喜は一方でクーデター政権に対して大きな憤りを持っていた。この、腸が煮えくりかえるような憤りが、(大坂城に割拠して落ち着いてくると)慶喜の脳裡に噴出してきたのではなかろうか。

しかし常に理知的な慶喜が、ただ怒りをぶつけるだけの無意味な行動を取るとは考え難い。この上表を提出することにより、「私は怒っているのだ！」ということをクーデター政権に知らせたかったのではあるまいか。またそれと同時に、クーデター政権に大きな圧力を加えて妥協を迫ったのではないか。要するに慶喜一流の高等戦術であったと筆者は推測する。

だからこの上表は、過激派に迫られて止むを得ず作成したのではない。またこの上表について慶喜不関与説もあるが、筆者は妥当でないと考える。更に言えば、この上表は後の討薩表と酷似しており、筆者は慶喜の偽らざる真情だったと推測している。また文面の格調が大政奉還の上表とも似ており、やはり永井が起草して、慶喜が校正したと推測する。平山も関与していたかもしれない。

一方岩倉は、既に永井と妥協策が出来つつあったので、この過激な上表を公表しない方が得策と判断し、春嶽・容堂に預けて事実上握りつぶしたのである。

一二月二四日、(先章で詳説したとおり) 三職会議にて慶喜の辞官納地問題についての結論が決まる。

一二月二六日、春嶽・慶勝下坂、慶喜と面談。慶喜、公議政体派の尽力に謝意を表明。

一二月二八日、慶喜、議定就任の請書を提出。春嶽・慶勝両人は晦日（三〇日）に帰洛、慶喜の請書を朝廷へ提出、近々の上洛も合意された。この上洛は翌慶応四年一月三日（慶明雑録）あるいは一月四日（村摂記）と予定されていたようである。

4　慶喜の苦悩と幕臣等の無理解

以上のように、大坂の慶喜と京都のクーデター政権との際どい遣り取りの中で、クーデター政権内部で勢力を回復した春嶽・容堂等の公議政体派の尽力により、慶喜の政界復帰が決まりかけ、翌年に予定された議定就任への目途も立ち、慶喜は少し安堵したのではなかろうか。

思えば、一二月九日のクーデター以降いや遡って一〇月一四日の大政奉還以来、慶喜は全く休む間もなく、毎日が決断の連続だったのではないか。しかも原市之進亡き後、相談できる側近もないまま、常に唯一人で決断をしてきた。慶喜の双肩にかかる負担と責任は想像を絶するものであったと推測される。しかし慶喜は、今日までのあらゆる無理解や偏見に我慢して自ら断行してきたことが正しかったことを確信し、平穏な正月を迎えられるとやや安心していたのではなかろうか。

しかしながら、大坂城に集結した幕臣達は、今日に至るまでの慶喜と公議政体派との緊迫した微妙な遣り取りの苦心や、京都進撃の難しさを全く理解せず（理解しようともせず）、ただ口々に討薩を叫ぶのみであった。

確かに一二月九日以来の薩摩のやり方には、幕臣ならずとも不満を持つ者が大半であった。更に遡れば、会桑二藩や在京幕臣達にとっては大政奉還以来、薩摩への不満がくすぶっていたのである。それはまた煎じ詰めれば、大政奉還を理解できない守旧派にとっては慶喜への不満そのものでもあった。これに加えて、江戸から来た幕臣達は元々慶喜と意思の疎通が出来ていない。大坂城は爆発寸前の火薬庫に等しく、慶喜は限りなく孤独であった。

5　薩摩藩江戸屋敷焼き討ちの知らせが一二月三〇日、大坂に届き、大坂城は沸騰する！

歴史とはむごいものである。こうした状況の中で、慶喜の平和路線の希望を打ち破る破壊的に巨大な情報が、江戸からもたらされたのである。この椿事により、慶喜の計算は全てご破算になってしまった。以下のとおりである。

一二月三〇日、大目付滝川具挙が歩兵二百名を率いて軍艦順動丸にて大坂に到着、薩摩藩江戸屋敷焼き討ちの顛末を報告。更に、大坂城諸所にて薩摩の罪悪を盛んにアジ演説して糾弾。大坂城は打倒薩摩一色となり、慶喜も御しがたい状態になった。

その時の城内の様子を、春嶽に同行して下坂していた中根雪江が、「丁卯日記」にて以下のように記している。曰く。

大目付滝川播磨守殿その外、江戸表より兵隊と共に汽船にて着坂これあり。東地薩藩の悪説、かつ二五日薩邸攻撃の始末など敷演これあり。この表の奸状を合わせて伐薩の議を主張し、下地除姦の説も起こりたるを、内府公御恭順の御誠意をもって無理〃ながら御鎮圧なし置かれたる坂地麾下の人心、一挙に煽動誑惑せられしかば、満城立地に鼎沸の勢いとなり、憤慨激烈の党奮興して、板閣（板倉）其の他を圧迫説倒し、事ついに敗れに帰し、形勢一変、もっぱら伐薩除姦の兵事に及び、内府公といえども如何ともなし給うべからざるに至りしなりとぞ。天、徳川氏に祚いせず。嗚呼。

他方、会津藩家老山川浩が記した『京都守護職始末』によれば以下のとおりである。

越えて三十日、この報が大坂に達した。内府はこれを聞いて忿怒に耐えず、『薩摩藩がひそかに凶徒を使嗾し、関東をかき乱し、東西相応じて事を挙げようとしたに違いない。乱逆を企てるの罪は許すことできない』と、即夜、老中およびわが藩、桑名藩の重臣と会見し、典刑を正したい旨を奏請することに決議を定め、入京の部署を定めた。

この二つの資料を読むと慶喜の態度は完全に矛盾するが、まさに慶喜の揺れ動く心境・苦悩をそのまま活写している。要するに平和路線が破綻しつつある現状を嘆きつつも、薩摩の卑劣なやり口に怒りを露わにしているのだ。慶喜が生涯で最も苦悩し、且つ決断を迫られたその時が遂に来たのである。

しかし大坂城内は既に沸騰しており、もはや慶喜を以てしても御しがたい状況であった。事ここに至り、慶喜はようやく薩摩と一戦を交える覚悟を決めたのであろう。これが明けて翌慶応四年元旦の奏聞書となって表されたのである。

6　慶喜、討薩を決断

慶応四年一月一日、いわゆる「討薩の表」が出来る。以下のとおりである。

臣慶喜、謹て去月九日以来の御事体を恐察奉り候得ば、一々朝廷の真意にこれ無く、全く松平修理太夫（島津忠義）奸臣ども陰謀より出で候は、天下の共に知るところ。殊に江戸・長崎・野州・相州処々乱妨及び劫盗候儀も、全く同家家来の唱導により、東西饗応し、皇国を乱り候所業別紙の通りにて、天下共に憎む所に御座候間、前文の奸臣ども御引渡し御座候よう御沙汰下されたく候。万一御採用あい成らず候はば、やむを得ず誅戮を加え申すべく候。

この「討薩の表」を巡って、慶喜がどの程度関与していたのか、歴史家の間でも未だに評価が定まらない。明治になってから企画された歴史家との問答である「昔夢会」で、慶喜本人は自らの関与を曖昧にしている。しかし、筆者はこのいわゆる討薩表は慶喜自らの意思で作成したものと推測している。

まず、世間で言うところの「討薩表」は、正確には、朝廷への「奏聞書」が正しいのだ。またその内容も、薩摩を非難こそしているが直接「討つ」とは言っていない。

この上表の主たる内容は、関東等で行なった騒乱行為に薩摩藩士が関与しているので、彼ら罪人を引き渡してもらいたい、拒否されたら止むを得ず討伐する、という内容である。つまり基本的には刑事事件であり、警察行為を行なうことへの許可を奏請しているのである。

何よりも江戸の幕府は、薩摩藩江戸屋敷を焼き討ちしているのであるから、慶喜には朝廷への説明責任もあった筈である。だから慶喜は薩摩の罪悪を公開・非難し、その孤立化を図り且つ罪人の引き渡しを要求し、拒否されたなら（拒否される）、薩摩との限定戦争をやろうとしていたのであろう。朝廷に対しては、「薩摩との政権争い」というより、犯罪人引渡を請求する警察行為の方が、客観的必然的正義を主張できると考えたのではなかろうか。

この文体は一八日の「挙正退奸の上表」とほぼ似ており、騒乱行為への薩摩の関与が明らかになったことを書き加えて、薩摩の非を鳴らしているのである。

この討薩表を過激な宣戦布告と評価する説が多いが、見当違いと言うべきである。そもそも朝廷への奏聞書なのだ。過激なことなど言える訳がない。薩摩を非難してはいるが、主たる目的は罪人の引き渡しであり、宣戦布告などでは決してない。ここに慶喜の苦悩がありありと読み取れる。やはり京都進撃そのものが、この時点ではかなり高度の戦術を要求される行為だったのである。

しかしその一方で、諸藩には以下のように露骨な軍令状を発している。即ち、

大義に依りて君側の悪を誅戮し、自然本国（薩摩領）を征討に及ぶべく候に付き、国々の諸大名速やかに馳せ登り、軍列に相加わるべき者也。尤も軍賞の義は、平定の後、鋒先の勲労に応じ、土地を割き与うべく候事。

これではまるで、創成期の征夷大将軍の命令書さながらである。

慶喜は「対朝廷」と「対その他」とでは態度を変えているのであり、ダブルスタンダードそのものである。要するに薩摩との限定戦争をやるのだと一般には公布しており、朝廷に対してだけは用心深く警察行為であることを強調している。

ならば慶喜はやる気満々だったのだろうか。筆者はそうは思わない。出来れば京都市街地での戦闘は避けたかったのではなかろうか。何しろ禁門の変では二万八千戸が焼失し、当時禁裏守衛総督だった慶喜はかなり非難されている。他方、これまでの薩摩のやり口に

対する憤りもあり、議定就任の先駆けとして大軍を動員しての威力行進をすれば何とかなると考えたのであろうか。慶喜は随分と悩んだに違いない。

7　鳥羽伏見の戦い

(一) 前哨戦始まる

一月二日夕方、大坂湾にて榎本艦隊、薩摩の軍艦と交戦。

幕軍主力艦開陽の砲撃に抗議した薩艦に対し、艦隊司令官榎本は「尊藩はもはや弊藩（幕府）の敵と存じ候」と通告した。

一月三日、大坂の幕閣三名が、在坂外国公使に、武器を日本政府（旧幕府）以外に売ってはならない、外国船は開港場以外に寄港してはならない、当方が薩摩船を攻撃する場合もあるので危険だから注意されたい、という内容の警告書を発した。

同日夜、旧幕軍、薩摩藩大坂屋敷を襲撃。

(二) 公議政体派の動きと討幕派の決意

慶応四年一月一日、最後まで望みを捨てない春嶽等公議政体派は慶喜上洛の条件を煮詰め、「軽装にて上洛・即参内」という案をまとめ、三日の午後、中根雪江を大坂に使者として送った。中根は先月末も、大坂城まで春嶽に同行している。まさに開戦回避のために挺身した讃うべき国士である。

一月二日、旧幕軍は慶喜上洛の先供と称して、大軍にて淀まで進出した。

一月二日、危機感を強めた大久保は、西郷に開戦の決意を示した。

一月三日朝、（第七章のとおり）大久保は岩倉を突き上げて、断然開戦するよう迫った。

（三）開戦と敗北

慶応四年一月三日午後三時頃、大目付滝川具挙率いる幕府軍は鳥羽村にて道路封鎖する薩摩軍と押し問答をするも埒が明かず、強行突破しようとした瞬間薩摩側から発砲され開戦となった。

旧幕府側は行軍状態であったため銃砲に弾薬を装填しておらず、不意を突かれて大混乱となり、初戦の大敗となった。

一月三日夜半、初戦の大勝で勢いに乗った大久保は、間髪を入れず岩倉・三条を説得し、旧幕府側即ち慶喜を朝敵とする政治工作を行ない、これが成功する。

即ち、仁和寺宮嘉彰親王を征討大将軍に任じ、錦旗・節刀を賜わり、次いで諸藩へ慶喜征討を布告したのである。これにより慶喜は公的にいわゆる「朝敵」となったのであった。

一月五日、仁和寺宮、戦場視察に出発、錦旗はためく。

一月四日・五日・六日、局地的善戦はあったが、旧幕府側は初戦の大敗を挽回することができず、大坂城に退却した。

一月六日、慶喜、大演説をした直後、大坂城を脱出。

①奇妙な戦いだった。「必討薩摩」を掲げて大坂城を大軍で押し出しながら、鳥羽村に至り、「上様上洛の先供だから通せ」と主張する。薩摩は「朝廷の指示がないと通さない」と言い、押し問答となる。薩摩は初めから通すつもりなどある訳がない。

幕軍は一体何を考えていたのだろうか？　そもそも初めからこの進軍には作戦計画らしいものがない。手強い薩摩相手の限定戦争をやるのだ。（綿密でなくてもいいから）戦闘計画を策定し、予想される相手方の反撃予想などの想定戦を行なうのが当たり前であろう。しかし、総督老中格大河内正質・副総督若年寄塚原昌義・司令官若年寄格竹中重固等は全くそんなことをした形跡がない。これでは致命的必敗の行進そのものであった。

慶喜自身も後年「勝手にせよ」と言い放ったと回想している。最高司令官がこのような消極姿勢では勝てる訳がない。慶喜は、近日予定される議定就任もあり、出来れば戦いを避けたい、という優柔があったのかもしれない。また大軍で威力行進すれば何とかなると考え、知らぬフリを決め込んだのかもしれない。いずれにしても曖昧な態度に終始したのである。言うまでもなく、この戦いの敗戦の主たる原因は慶喜自身の無策と曖昧であろう。

しかし仮に慶喜がこのように作戦計画に関与しなかったとしても、幕軍幹部がしっかりしていればこんな無様な負け方はしなかったろう。要するに怒りと興奮と熱狂で行進し始めたものの、薩軍と長州軍の猛烈な銃火に晒され狼狽して立ち直ることが出来なかったのであろう。竹中などは持ち場の放棄といってもいいほど惰弱であった。

一方、薩摩・長州は幕軍を京都に入れてしまえばお終いなのである。それこそ決死の覚悟で皆を決し、銃火の火蓋を切って待ち構えていたのである。これでは勝てる訳がない。

ただ幕府側の名誉のために、奮戦した者も多数いたことを付言したい。会津・桑名の藩兵、見廻組・新撰組である。彼らは奮闘したが、惜しむらく皆、刀槍部隊である。薩長の銃火に晒され、多数犠牲者を出した。また、幕兵も歩兵部隊の精強伝習隊は善戦している。

後世の歴史書には傭兵達は戦意がなかったなどという無責任な記述が散見するが、そんなことはない。ただ彼らは指揮官がいないと戦えない。歩兵奉行並の佐久間近江守信久は馬上督戦指揮中戦死、歩兵頭の窪田備前守鎮章は敵陣に突入して戦死した。両人とも薩摩の狙撃兵に狙い撃ちされたものである。面子を重んじる幕臣が派手な陣羽織を着て陣笠を被り、馬上指揮するのだから「撃って下さい」と言うに等しい。連隊指揮官のしかも高官二名が戦死したのだから伝習隊は退却する以外なかったのである。

②慶喜、敗戦を悟る

こうした予想外の敗北に驚いた慶喜は、何を考えていたのであろうか。錦旗が出て朝敵となった時、彼はありもしなかったクーデター政権がようやくその実態を整えてきたことを直感したのであろう。つまり鳥羽伏見の決戦で旧幕軍を打ち破ったという厳然たる事実により、薩摩を中心とする政府らしきものが硝煙の中からその姿を現してきたのである。

慶喜が勝っていれば、クーデター政権などは何の実態もない幻のようなものに過ぎず、霧散する筈であった。しかし慶喜があっけなく敗れてみると、ありもしないクーデター政権がその存在を現してきたのである。それによって慶喜はクーデター政権即ち天皇政権に攻撃を仕掛けて敗北した、というイデオロギー的既成事実が出来上がってしまった。

クーデター政権は鳥羽伏見の戦勝によって、ようやく天皇政府としてその存在を現したのである。戦勝ほど政権の正当性を主張するに強固なものはない。勝てば官軍、つまり新政府軍なのである。おまけに勝者は多大な犠牲を払って戦を勝ち抜いたのである。これに文句を言うのはかなり困難である。だからクーデター政権の中で、公議政体派は急速に発言力をなくし、朝議は薩摩・長州を中心とする討幕派一色となり、誰も異議を唱える事が出来なくなったのである。

要するに日本近代化のヘゲモニー争いは、その最終段階において、鳥羽伏見の勝利により薩摩・長州を中心とする討幕派の手に帰することとなったのである。

怜悧な慶喜は、こうした政局の変化が手に取るように分かったのであろう。様々な後悔や慚愧が彼の脳裡をかすめた筈だ。斬り死にしたいくらい悔しかったかもしれない。

しかし、である。冷静且つ理知的な慶喜は結局、「残念だが万事休す！」と判断したと筆者は想像する。そうすると慶喜にはもう戦う理由がない。しかし激昂した幕臣達は、なおも慶喜に出馬を求めたのである。

③大坂城脱出

こうした状況の中で、一敗地に塗れた幕軍将兵は続々大坂城に戻ってきた。そして慶喜の出馬を要請した。曰く、「家康公以来の馬印を押し立て、上様が全軍指揮すれば薩長など一捻り」と皆々口々に叫ぶのである。会津藩兵はこの一敗でむしろ悲壮感を帯びていよいよ血気盛んになっていた。

しかし戦略的に京都奪還はほぼ不可能になり、旧幕軍に出来ることは大坂城に立て籠もり反抗することであった。確かに大坂城は堅固で、慶喜が立て籠もれば「新政府軍」も簡単には落とせない。数ヶ月間も睨み合いになろう。しかも大坂湾では無敵榎本艦隊が制海権を握っている。

しかし、慶喜は冷静に考えた。「それでどうなる?」とである。彼が最も恐れている内戦突入となり、欧米列強の内政干渉の格好の的になるだけではないか。そんなことにでもなれば、日本の近代化のために寸暇を惜しまず挺身してきた努力は水泡に帰してしまう。「ここで踏みとどまって何になるのか。つまらぬ武士の意地など有害無益そのものではないか。」怜悧な慶喜は、自分が「日本一の卑怯者」と呼ばれようと、はたまた「臆病者」と蔑まれようとあらゆる悪口雑言を浴びせられようと何だろうと、そんなことはどうでも良かったのではないか。自分さえいなくなれば戦にはならないのである。

例によって慶喜の決断は早かった。大坂城大広間に幕臣達を集め生死関頭の大演説をした直後、数名の供を連れて大坂城を脱出し、開陽丸に乗り込んで江戸に帰還したのである。この慶喜の行動によって鳥羽伏見の戦いは事実上終了したのであった。

この慶喜の行動を評価する者はほとんどいない。しかし慶喜を批判する者に尋ねてみたい。他に方法があったのか？　とである。内戦で更に多くの犠牲者が出れば良かったのか？

列強の干渉を招くほど長期間慶喜が頑張れば良かったのか？　そんな事はあるまい。結果論だがあの逃亡は正解だったのである。単に格好が悪いだけだ。

8　徳川慶喜の退場

慶応四年一月七日、岩倉が徳川慶喜追討令を公示し、在京諸藩に朝廷への帰属を迫る。各藩続々請書を出し、薩長両藩は政治的にも主導権を確保することとなった。

一月一一日午前八時、慶喜座乗の開陽丸、品川沖に投錨。

一月一五日、小栗忠順、慶喜自ら罷免。

一月一七日、慶喜、勝海舟を海軍奉行並に任命。

同日、慶喜、春嶽及び容堂に書簡を送り、朝敵処分解消を依頼。但し、この段階では無条件に謝罪しているわけではない。書簡の内容は以下のとおりである。

「驚愕之至、素より途中行違より不料先供之者争闘致迄之儀に候処、斯く之通之御沙汰に而は、甚だ以心外之至」とし、追討令に抗議している。

同日、慶喜、静寛院宮に面会を求め、朝廷への取りなしを依頼。

一月二五日、英・仏・米・蘭・伊・普の六カ国は局外中立を宣言、これにより、天皇政権を交戦団体として認定。

一月二八日、春嶽、慶喜に書簡を送り、謝罪を勧告。

二月二日、西郷、大久保宛への手紙で、「慶喜退隠の嘆願、甚だもって不届千万、ぜひ切腹」と記す。

二月五日、慶喜、春嶽に書簡を送り、初めて「恭順」の意向を表明。

二月九日、有栖川宮熾仁親王、東征大総督に就任、西郷らが参謀となる。軍令・軍政・領地処分等の広範囲の権限を付与される。

二月一一日、慶喜、家臣に沙汰書を下す。曰く。

伏見の一挙、実に不肖の指令を失せしに因れり。計らずも朝敵の名を蒙るに到りて、今また辞なし。ひとえに天裁を仰ぎて、従来の落度を謝せん。かつ臣ら憤激その謂われなきにあらずといえども、一戦結びて解けざるに到らば、インド・シナの覆轍に落ち入り、皇国瓦解し、万民塗炭に陥入らしむるに忍びず。その罪を重ねてますます天怒に触れんとす。臣らも我がこの意に体認し、あえて暴挙するなかれ、もし聞かずして軽挙なさん者は、我が臣にあらず。すでに伏見の一挙我が命を用いず、甚だしきは不肖を廃して、事を発せんとなすに到る。再び指令に戻りて、我が意を傷うなかれ。

二月一二日、慶喜、上野寛永寺に入り、恭順・謹慎開始。

二月二一日、徳川方の謝罪状は全て東征大総督を経由すべき旨の沙汰書が下る。これにより、慶喜の処分は総督府が握ることとなった。

二月二六日、静寛院が慶喜の嘆願書を受け取ったのを知った大久保は、国元への手紙で「あほらしさ沙汰の限りに御座候。反状顕然、朝敵たるをもって親征とまで相決せられ候を、退隠くらいをもって謝罪などとますます愚弄たてまつるの甚だしきに御座候」と書き送り、更に続けて、「慶喜の罪は天地の間に居場所がないほどの大罪である（要するに死ぬべきだということ）」としている。

思えば、慶応元年九月の四国連合艦隊大坂湾侵入事件以来、常に徳川慶喜に翻弄され続けてきた大久保にとって、仕返しをする絶好の機会だったのではなかろうか。

三月五日、江戸城総攻撃の日時が三月一五日と発表される。

三月一三日、東征軍参謀の木梨精一郎が、横浜滞在のパークスを訪問した。江戸城攻撃で予想される負傷者の治療に英国病院の利用を依頼するのが表向きの理由だが、真の目的は二日後に予定される江戸城攻撃の了解を求めることであった。

しかし冒頭からパークスは怒り出した。曰く、「恭順・謹慎している慶喜を死罪にするのは人道に反する。慶喜が亡命を望めばこれを受け入れるのは国際公法上当然の行為である。」とである。仰天した木梨は急ぎ大総督府に戻り、これを西郷に報告した。

三月一四日、勝、西郷会談し、翌日の江戸城攻撃中止し、慶喜の処分については、隠居のうえ水戸で謹慎することに決定。

四月一一日、江戸城明け渡し。そして慶喜、江戸を退去し、謹慎地の水戸へ向かう。

(一) 以上の時系列からも分かるように、慶喜は東帰後すぐに恭順した訳ではない。むしろ「甚だ心外の至り」と抗議さえしている。これについては、情勢の見通しが甘いと批判する意見が多い。しかしそもそも、この戦は慶喜が望んで始めたものではない。むしろ無理矢理引っ張り込まれた、というべきである。慶喜にしてみれば、抗議の一つもしたくなるであろう。

しかし、諸藩が続々新政府軍に帰順し、東征軍が五万の兵力で東上することが決まり、京都の春嶽から、「恭順の他はない」との書簡を受け取った段階で、慶喜は恭順・無抵抗を決心したのであろう。その理由は、二月一一日の家臣への沙汰書が全てを語っている。要するに江戸百万市民が塗炭に苦しむことを避け、且つインド・シナの轍を踏む事態になることだけは絶対に阻止したかったのである。

さて、西郷・大久保は、「慶喜の首を取らずして維新は完成しない」と豪語していた。これについては彼らの本心ではなく、多分に東征軍の士気を維持・鼓舞するための大言であった、とする説が散見する。誰も西郷にその本心を聞いた訳ではないから、筆者は分からない。しかし、恭順・謹慎する慶喜に対し、西郷・大久保は弱者をいたぶるように執拗且つ陰険であった。まさに彼らの性格の一端が垣間見られるようだ。

しかし、慶喜の最後の冴えがパークスの怒りであった。即ち以下のとおりである。

内心慶喜を寛典に処したかった西郷が、パークスの「慶喜処刑大反対」を事前に想像していて、彼の口からそれを言わせようとしたのか、はたまたパークスの言は西郷にとっては想定外の意外な言葉であったが、西郷がパークスのこの言葉を奇貨として取り込み、慶喜寛典の理由付けにしたのか、これも分からない。しかし、当時の西郷が前者のような思考をする国際感覚を持っていたとは筆者には想像できない。

筆者は、慶喜が寛永寺で謹慎しながらも、パークスが処刑に大反対するであろうことを確信していたと推測する。パークスの懐刀サトウは三月九日、密かに勝と会っているので、勝はサトウを通じて慶喜処分についてパークスの考えを打診していたのかもしれない。慶喜は寛永寺で謹慎し憔悴し切っていながらも、冷静な彼はひょっとすると勝に何らかの指示をしていたのではないか、などと興味が尽きない。

いずれにしても、パークスはほぼ一年前の慶応三年三月、大坂城で大君慶喜に拝謁した時の大いなる感動を忘れていなかったのである。

(二) さて、徳川慶喜江戸退去の日がいよいよやってきた。

四月一一日朝三時、上野寛永寺の大慈院の門扉が開き、慶喜一行が現れた。駕籠はなく、得意の乗馬も許されない。わずかな供を連れて徒歩で謹慎地水戸に向かうのであった。

積日の憂苦に顔色憔悴し、月代も髭も剃らず、黒木綿の羽織を着て小倉の白い袴を穿き、麻裏の草履を履いていた。「拝観の人々、悲涙胸をつき、嗚咽して、敢えて仰ぎ見る者なかりき」と記されている。

その一挙一動が、天下の耳目をそばだたせた英傑が歴史の表舞台から静かに去って行くその瞬間であった。徳川慶喜こそ大局観に秀でた完璧な敗者そのものであった。

9　総括　微力ながら鳥羽伏見の戦いの近代日本への影響を考えてみたい

鳥羽伏見の戦いは、その後の日本の政治に決定的な影響を与えた。この戦で勝利した薩摩・長州を中心とする討幕派は、その後の日本近代化の主導権を握ることとなった。

それは「玉を担いだ大芝居」などと木戸が比喩したクーデター政権（王政復古政権）によっては到底なし得ない、巨大な政治権力となって出現したのである。

鳥羽伏見の戦いまでの王政復古政権は公議政体派の巻き返しによって、薩摩を中心とする討幕派の意図はほぼ挫かれ、当初の目的は失敗しつつあった。しかし起死回生の戦で完勝した討幕派は、ここに新たな政治権力を構築し始めたのである。

ここで生まれた新政府即ち維新政府は、戦勝によって正当性を認証された、（クーデター政権とは全く異質な）薩摩・長州の軍事力を背景とする天皇絶対主義を目指す軍事政権であった。これにより、今まで有力であった公議政体論は鳴りを潜めざるを得ず、その精神の復活は自由民権運動が盛んになる明治七年まで待たざるを得なかったのである。後藤等がこの運動に再び邁進したのは必然であった。

要するに明治政府の原点即ち出生証明は、鳥羽伏見の戦で勝利し硝煙の中から姿を現した維新政府であり、王政復古のクーデター政権まで遡るのは明らかに間違いと言うべきである。維新政府は天皇と軍隊を不可分の関係とした軍事政権としてスタートしたのである。

やがて日本は、日清・日露戦争に勝利して大国の仲間入りを果たした。大日本帝国陸海軍は精強を謳われ、世界に雄飛した。しかし、日本の軍隊は常に大元帥天皇陛下を奉ずる、いわゆる「天皇の軍隊」であり続け、昭和に入るとしばしば「統帥権の独立」を主張して独走することとなったのである。仮に、統帥権の独立のルーツが維新政府だと言ったら、因果関係なし！　との誹りを受けるであろうか。

翻って天皇は、瑞穂の国日本の祭祀を司る至高の祭主として天地開闢以来我が国に君臨し続けてきた。しかし天皇は、摂関政治から武家政治を経た幕末まで、千年の長きに亘って統治権を行使しないのが伝統であった。しかし、新政府は天皇を統治権の主体とし、世俗権力をも行使する存在としたのである。本来、世俗権力を行使する者はその責任を負わねばならない。そこで責任を負ってはならない天皇が世俗権力を行使するために、大日本帝国憲法は「天皇は神聖にして侵すべからず」と規定し、ここに神権天皇制が確立し終戦まで続いたのである。

仮に慶喜が勝利して日本近代化の主体になっていれば、いかに慶喜が大きな権力を手中に収めても、彼は決して政治責任から逃れられない存在であったと考える。そして神権天皇制にもならなかったと推測する。「慶喜敗北の影響は終戦まで続いた」などと言ったら、「とんでもない論理の飛躍で、荒唐無稽そのものだ！」と批判されるであろうか。

いずれにしても鳥羽伏見の戦いで勝利した新政府はその後の明治政府のあり方に決定的な影響を与えたのであった。

10　その後の慶喜

さて、江戸を退去した慶喜はその後どのようにして過ごしたか。このテーマだけでも一冊の本になるが、本書の主題ではない。簡単に記したい。

江戸を退去する時、家臣の誰かが「御心をしのぶが岡の夏木立　たちかへりこん春をこそまて」と詠むと、慶喜はその場で「とにかくに国の為とてしのぶ身はゆくもかへるも時をこそまて」と返している。この歌はなかなか意味が深い。まだ政界復帰を考えていたのであろうか。しかし静岡隠居時代の慶喜は「ちらばちれつもらばつもれ　人訪はぬ庭の木の葉は風にまかせん」と詠み、諦観の境地そのものである。

東京に戻った慶喜は華族社会に急速に溶け込んだようである。大勢の親族に囲まれた写真が沢山残っている。写真に写る慶喜は、やや寂しそうな表情があるものの総じて穏やかで無風だ。平穏な生活を享受していたのではなかろうか。

彼は西南戦争での西郷の自決や、その直後の大久保の横死も知った。更に、大日本帝国の成立や日清・日露戦争の勝利も確認し、明治という時代の終焉にも立ち会い、大正二年、七七歳の天寿を全うして静かに息を引き取っている。まさに偉大そのものの生涯であった。

第九章（補章）大政奉還以降の政治情勢　雑考

1　大政奉還　その意図と思惑

（一）「増補改訂版　はしがき」に書いたように、大政奉還について若干書き足りないことがある。何か消化不良のような不満感が消えないのである。第六章でも述べたように、大政奉還は山内容堂の進言を受けて行なったものだ。容堂は議政院を創り、重要な国事は万事そこで決めればいいという公議政体派の主張を慶喜に建白し、慶喜はそれを受け入れた。しかし、その後出来るであろう議政院がどんなものかは、誰も想像が出来なかった。

そこで、その議政院における慶喜の役割について様々な憶測が出ているのは周知の事実だ。慶喜の権限を最大限に考え、大君政を目指していたというのが石井博士だ。逆にそれほど大きな権限を慶喜は考えてはいなかったのではないか、と推測する者もいる。大政奉還についてこのように評価が定まらないのは、結局負けたからに他ならない。大体この出来事について正面から取り扱った書物自体が極めて少ない。

あれこれ言うよりも、後年、昔夢会での歴史家の質問に対して慶喜自身が語った言葉を、少し長いが載せてみよう（第六章でも引用しているが許されたい）。

曰く「松平容堂の建白出ずるに及び、そのうちに上院・下院の制を設くべしとあるを見て、これはいかにも良き考えなり、上院に公卿・諸大名、下院に諸藩士を選補して、公論によりて事を行わば、王政復古の実を挙ぐるを得べしと思い、これに勇気と自信とを得て、遂にこれを断行するに至りたり。またその頃左右の者に向かいて、日本も行く末は西洋のごとく郡県となるべしと語りしことありしが、これとて実は漠然たる考えにて、その順序・方法など夢にも思い及ばず、かつこの時直ちに施行せんことはとうていできぬことなりと思いいたれば、ただ将来の見込みを述べたるまでなりき。」と述懐している。

いかにも慶喜公らしい完璧すぎる模範回答だが、意外と当時の本音に近いのではないか。また、この時点で既に郡県制を視野に入れていたことも注目に値する。

今日、大政奉還は、「それによって幕末政局は一気に流動化した、慶喜は権力を譲歩することによって、なにがしかの地位を確保しようとした」というのが大方の評価だ。

しかしその後慶喜は、王政復古のクーデターで政権から排除され、鳥羽伏見の敗戦で政局から姿を消した。見方によっては大政奉還は幕府滅亡のきっかけとなったと言えなくもない。本当は日本近代化の幕開けとも評価されるべき快挙なのだが、結局、新政府誕生の糸口になったとして片付けられていると感じるのは、敗者の悲哀であろうか。

（二）筆者は第六章以降の記述で書き足りなかったことを、ここで補完しようと思う。

何が足りなかったのか？　それは、大政奉還に対する従来の手法を漠然と踏襲してしまったことにより、慶喜の真意を正面から推し測ることを怠った結果となってしまったからではないかと考えた。そこで、ここでは大胆というより、暴論に近い推測をしようと考える。御笑読して頂ければ幸いである。

まず大政奉還に至った背景である。慶応三年五月二三日の兵庫開港勅許取得以来、反幕派はその活動を活発化させてきた。即ち、薩摩討幕派は長年の宿敵であった長州と手を組んで討幕運動を開始した。大政奉還前夜の段階になると事態は緊迫したものとなり、慶喜は何らかの手を打つ必要に迫られていたのである。

慶応二年一二月五日の将軍職就任以来、慶喜は一貫して親仏幕権派の頂点に立って幕府単独による日本統一の道を探ってきた。これは当然のことながら薩摩・長州との鋭い対立を生むことになった。

しかし慶応三年一〇月の段階に至り、慶喜は方向転換の道を選んだ。それは討幕派が決起すると内乱になり、欧米列強の内政干渉を招く！　という危機感があったからである。つまり、慶喜は雄藩との対決を諦め、宥和政策への転換を行なったのである。尚、この政策転換の背景には、対仏六百万ドルの借款の不成立も影響していると思われる。

他方、西郷らの薩摩討幕派は、長州と薩長同盟という討幕軍事同盟を結ぶ一方で、公議政体派の土佐とも薩土盟約を結んでいた。要するに西郷らは二股を掛けていたのである。しかしこの盟約は、慶喜が大政奉還をしなければ討幕をするという条件付きのもので、西郷らの本音は討幕であった。公議政体派の土佐山内容堂は内乱を憂えて慶喜に大政奉還を進言したのである。

以上の政治状況からすると、土佐・越前などの公議政体派を敵に回すことが出来ない慶喜は、政治判断として大政奉還をやったという面も勿論ある。ただ慶喜はそれ以前から大政奉還のプランを温めていて、その機会を狙っていたようである。これは序論で述べたように、板倉の言葉からも推測できる。

いずれにしても大政奉還の直接のきっかけは討幕勢力の決起による内乱の回避であったことは間違いなく、要するに慶喜は討幕勢力との軍事衝突を避けたのである。

以上をまとめてみると、慶喜の喫緊の課題は、まず雄藩との対決姿勢を改め、宥和政策を採ることによって内乱の回避を図ることであった。その方法として討幕勢力との融和のために公議政体派に妥協して議政院を創設し、そこで諸藩の意見を要約するということであった。だから慶喜はそれまでの正面の敵である長州とも極端な妥協をした。

要するに今流行りの言葉を使えば、「オール日本で政治参加する」ためには、長州も薩摩も議政院に加わる必要があり、また当時の日本の状況からすると、そうしなれば政治の安定は望めなかった。だからこの慶喜の権力譲歩について、パークスが「権力を犠牲にすることの讃うべき模範を示した」と絶賛したのも頷けよう。

また話が戻るが、公議政体派は幕末に発生した雄藩連合という構想の延長線上にある。つまり、幕府と雄藩が対立するのではなく、協力して外国に対抗しようというものだ。その方法として議政院を設け、そこで重要事項を決定しようというのだから、公議政体派の力点は幕府と雄藩の融和にある。つまり、政治勢力の対立ではなく、融和の手段として議政院の創設を考えたのである。慶喜がこれに乗ったのは事実である。

ただ筆者はこの議政院について、慶喜は容堂らより一歩も二歩も進んだ別の次元の構想を抱いていたと推測している。即ち、自らの手による日本近代化に意欲を燃やす慶喜は、当時の先進国イギリス及びフランスの政治制度をある程度理解していた筈である。何故なら、ロッシュとも頻繁に会談し、身辺に留学帰りの側近を何人も置いていたからだ。怜悧な慶喜なら先進国の政治制度を理解するのは容易いことだ。

ここに面白い資料がある。東洋大学の「東洋法学」に松岡八郎教授が載せた「幕末期における西周の憲法理論」という論文だ。ここで教授は、西と慶喜の関わりを記している。

即ち、慶喜に召された西は、慶応二年九月二五月に上京している。「何カ国政上ノ御尋ニテモ有ルヘキコト」と期待していたが、その期待に反して何もなかったようだ。

しかし、三月一四日、突如慶喜がフランス語を習いたいと言いだし、これに召し出されて日々登営することとなった。しかし五月一九日、政務多用となった慶喜はフランス語の勉強を断念してしまい、西をがっかりさせている。

そしていよいよ大政奉還を決行するという前日、俄に慶喜のお召しがあり、英国の議院のことや三権分立のことなどを矢継ぎ早に質問されたようである。これ以降もしばしば慶喜は西を召して西洋知識について下問している。

慶喜は何故西が期待していたように、西洋事情について早い段階からの質問を西にしなかったのであろうか？　確かに一つの疑問ではある。

筆者は、こう考える。慶喜は既にロッシュと何度も会談している。だから英仏の政治制度についてある程度の理解があったのではないか？　また、西を召すことで慶喜の腹案が外に漏れることを案じたのではないか？　西は学者だが、側近ではない。慶喜は用心したのではないだろうか？

話が大部逸れた。では先進国にあって日本にないものは何か？　それは立法・議会である。慶喜の考える議会とは、容堂らが考える議政院とは似て非なるものがある。

つまり当時の（幕藩体制下の）日本では立法と行政が未分離の状態にあり、日本を近代国家として発展させるためには、それに相応しい立法組織つまり議会の開設が必然かつ不可欠であると慶喜は考えたのではなかろうか？　それは容堂らより遙かに進んだ日本近代化の青写真であり、討幕派の大久保・西郷らには想像し難い発想であったと考える。

勿論その議会で、彼は重要なポストに就くことを予想していたであろうが、公議政体派に妥協して議政院の創設に踏み切ったのである。だから、石井博士のように大君政を創設して絶対的な権力を振るうことを目的としてはいなかったと筆者は考える。

つまりこの時点で、慶喜は幕府独裁による日本近代化を断念し、諸藩と協力して日本を近代化しようという方向転換をしたのである。

では、なぜ「大政奉還」という刺激的な言葉を用いたのであろうか？　その答えは以上述べたことを考えれば明白である。

立法と行政が未分離の幕府政治から決別して、立法府という新たな権力機構を創設するのである。これは幕府独裁からすれば権限委譲だから、「大政奉還」となるのである。

当時の日本では国民主権の選挙議会などは有り得なかったから、慶喜が幕府独裁を止めて立法府を作るとすれば、それは権威ある朝廷に、形の上ではその権限を委ねるほかなかったのである。元来、「征夷大将軍」という官職も天皇に任じられたものであるから、慶喜の「大政奉還」という命名はごく自然の成り行きだったのではないか。

では慶喜は行政権までも譲るつもりがあったのだろうか。そんなことは全然あり得ない非現実的発想である。なぜなら、そもそも議政院を構成する団体が藩そのものであり、構成員は藩主が原則であるからだ。公議政体論が急速に普及したのは、旧幕府も含めて藩の存在を前提にし、その権限に議政院が口出しをしないことが前提だからである。藩の行政権を（当分の間は）いじらない訳だから、諸藩の理解協力は得られ易かった筈である。また突然、藩の権限（即ち行政権）を返還すると言っても、そんな非現実的なことが出来る筈がなく、受け皿もなかったからである。

さて、歴史を勉強する上で最も分かり難いのは「当時の雰囲気」である。世論と言い換えても良いが、若干ニュアンスが異なる気がする。一例を挙げよう。

太平洋戦争の開戦を決定する際、東條首相が最も気にしたのは当時の国民の雰囲気だったという。では当時の雰囲気とは何か？　一言で言えば根強い「開戦しろ！」コールである。

戦後になり、「当時の日本では国民の大半は戦争反対で、一部の軍部が独走した」などと、まことしやかな議論を展開する者がいるが、これは事実と全く異なる。

当時の日本では、多数の日米開戦肯定派が存在したのである。大体、当時の三大新聞を読んでみれば歴然ではないか。アメリカの横暴を糾弾し、国民の好戦意欲を煽っている。これを言われたら、三大新聞社の人達は穴に入りたいのではないか。

そもそも明治維新以来、日本は一〇年毎に戦争をやってきた。一八九四年日清戦争、一九〇四年日露戦争、一九一四年第一次世界大戦を経験し、これら全てに勝利し、日本は大日本帝国としてその勢力を常に膨張・拡大してきた。そして一九三七年から始まった日華事変は継続中であった。このような状況の中で国民が好戦的にならない筈がない。

東條首相が最も恐れたのは、日米開戦を回避することによって発生するであろう暴動・焼き討ちだったという。現代人には一寸推測しがたいことだが、それが当時の雰囲気であった（誤解のないように断っておきたいが、だからといって先の大戦を必然だったなどと筆者が思っている訳ではない）。

　では大政奉還したときの当時の雰囲気はどうだったのであろうか？　確かに慶喜は画期的な近代化政策をやろうとした。しかし、これによって政局が大いに流動化したことも事実である。

　そもそも「大政奉還」の意味自体が、当時の大半の者に分かり難かったのではないか。この「分からないが何となく返す」というイメージを与えることも、あるいは慶喜の一つの目的だったかもしれない。なぜなら「返す」という言葉がもたらす漠然とした「返すのだ感」が、討幕派の矛先を鈍らせる効果もあったかもしれないし、あるいは慶喜がそういう効果を期待していたかもしれないからである。

　だが反面、「返す」と言われて、討幕派にも増して「訳が分からない感」のままの保守派の幕臣達や会津・桑名の藩士達は猛然と反発した。慶喜はこれらの鎮撫に苦労した筈である。また、慶喜の真意が分からず、しかも政治を権力闘争として把握している大久保ら討幕派は、今までの幕府政治を悪政と決めつけて、慶喜が本当に反正（反省のこと）の意思があるのかと盛んに訝った。また、王政復古派はいよいよ好機到来と勇躍した。

　はっきり分かることは、幕府政治が終わりを告げ、新しい時代が始まるということを人々が感じ始めたことだ。王政復古のクーデター直前の旧幕府側の探索活動を麻痺させたと言われている「ええじゃないか」の狂乱踊りも、新しい時代が始まるという民衆の期待を表現したものであろう。

政局の流動化は即ち政局の混乱と不安定化でもある。これらがプラスと出るかあるいはマイナスと出るかは、さすがの慶喜にも予測不可能だったのである。

(三) 小括

今日の学者達も大政奉還について正面から評価している者が少ない。慶喜研究の第一人者である家近教授も「全て返すつもりであった」などと現実離れした議論を展開しているのは以前（第六章）述べた。歴史家は総じてこの事件について深い考察を行なっていない。

慶喜が欧米の政治制度を熟知した上で、立法府という新たな政治権力の場を作ろうとしていたことに対する政治制度論的な理解が歴史家には足りないと考える。

2　高橋秀直教授論文「王政復古への政治過程」について

(一) 便利な世の中になった。高名な大学教授の論文を一民間人が読むことが出来る時代

になった。以前では考えられないことだ。初版では、博士の「公議政体派と薩摩討幕派」を読んだときの感動を記した。

では表題の論文はどうか？　率直に言ってしまえば、疑問が多く、納得できない記述が多々ある。幕末維新史研究で大きな業績を残した教授の論文に、筆者如きが異論を述べるのは些か気が引ける。しかし筆者は歴史学者でも何でもなく、ただの民間の慶喜研究家に過ぎない。この際、思い切ってこの論文に異論を述べようと思う。また、それによって徳川慶喜の行なった大政奉還の真意が照らし出されてくる。この手法は余り気持ちの良いやり方ではないが許されたい。

(一) この論文の要旨は冒頭の要約にもあるように以下のとおりだ。

即ち、慶喜の大政奉還により慶喜と薩摩は公議政体の樹立という目標で一致し、両勢力は接近した。王政復古のクーデターは、慶喜の打倒を目指したものではなく、新政権での薩摩の主導権の確保を目指したものであった、というものである。この論文について誠に未熟且つ僭越ながら、逐一反論してみたい。

①まず「大政奉還によって慶喜と薩摩は急接近して協調的になった。なぜならどちらも公

議政体派であり、考えが同じ勢力が対立する筈がない、だから、大政奉還によっても幕薩の対立は緩和されるどころか益々激しくなったという通説はおかしい」という教授の主張の骨子である。この説には明らかな疑問がある。

理由はいくつかある。まず第一に、薩摩は公議政体派ではない。確かに薩摩の藩論は慶応三年六月六日の慶喜による兵庫開港布告以降、急速に討幕論が高まってはいたが、この段階ではまだまとまっておらず、公議政体派と討幕派が対立していた。小松帯刀は慶喜の行動に理解を示し、歩み寄ったのかもしれない。それは小松が上級家老という立場にいて、ある意味で保守的だったので、急激な改革を望まない立場から慶喜に接近したのかもしれない。また慶喜も個人的に小松に対するある種の信頼感を持っていたかもしれない。

しかし西郷・大久保等は根っからの討幕派である。彼らにとっての至上命題は討幕の一字のみであり、端的に言えば王政復古も公議政体も討幕の手段でしかなかったのである。つまり討幕は当初からの予定された行動であり、慶喜の大政奉還によってそのやり方の変容を迫られただけなのである。そしてその期限は兵庫開港予定日たる一二月七日であることは初版でも述べた。要するに一度兵庫が開港されると諸外国は日本の内乱を望まなくなり、貿易の順調な進展は幕府側に大きな利益をもたらし、討幕幕勢力にとって絶対的不利となる。武力革命の時期は永久に失われるのである。

政治を権力闘争として把握している西郷・大久保にとって、これは我慢の出来ないことであった。また、一〇月時点になると薩摩本国の藩論はほぼ討幕で統一されていた。これには例の討幕の密勅という史上空前の偽文書の効果も大であったことは、既に何度も述べた。大体、薩摩本国から藩主を含めて大軍の兵力を動員して入京させている薩摩に討幕の意図がないなどというのは笑止と言うほかない。

また、考え方が同じであれば協力関係になるという教授の論理は、あまりにも単純ではなかろうか？　それは現代の政治状況を見ても明らかである。

現代日本の衆参両院を構成する政党は、いずれも日本の政治制度の枠組みや経済のシステムつまりは民主政治と自由経済を認めかつそれを前提として活動しており、その意味では似たような政策目標を掲げている。しかし政党間の対立は尽きないし、同じ政党の中でも激しい派閥争いがあることは当たり前である。だから同じ公議政体派だから完全和解した！　などというのは些か単純過ぎるのではないか？

更に言えば、慶喜と薩摩の間には抜き差しならない不信感が充満しており、簡単に信頼関係を構築することなど出来る筈がなかった。それは慶応元年九月に遡る。慶喜が禁裏守衛総督の時、英仏米蘭の四国連合艦隊が大挙して大坂湾に侵入し、安政条約の勅許を迫った事件だ。このとき薩摩大久保は盛んに宮廷工作を行なって、徹底的に条約勅許を阻もうとした。これに対し慶喜が決死の覚悟で孝明天皇に迫り、勅許を取得して危機を脱したのは以前に述べた。このとき大久保は慶喜を「一橋は譎詐無限！」と非難警戒し、その能力に大きな危機感を持った。

慶喜が将軍に就任する際も、その阻止のため宮廷工作をやり、更に兵庫開港問題の際もパークスをして敦賀方面に旅行させるなどの売国的妨害工作を行ない、慶喜を困らせることしきりであった。また慶喜が強硬に兵庫開港の勅許を取得すると、慶喜を「是非私権を張り、暴威を以て正義の藩といえども圧倒畏威伏せしむるの所為顕然」と決めつけ、「此上は兵力を備え、声援を張り、御決策の色を顕わされ」ねばならぬと、武力対決の意向を表明し、討幕勢力の結集を開始している。

更にはパリ万博に薩摩琉球国として物品を並べ、これによって幕府の権威を失墜させて、対仏六百万ドルの借款を不調に終わらせている。

要する薩摩討幕派は、悉く慶喜への妨害行動にひた走ってきたのである。このような経緯がある薩摩と慶喜が歩み寄って信頼関係を築けるとしたら、それは神の世界の出来事であり、世俗世界の人間にはあり得ないことではないか？

何よりも大政奉還後、朝廷は議政院の招集を二度も行なったが、諸藩は上京を渋り、招集が進まなかった。これは諸藩が徳川勢力と薩摩の緊張関係を肌で感じ、政争に巻き込まれることを嫌って日和見をしたからに他ならない。

教授の言うように慶喜と薩摩が接近し、協力関係になったというのなら、諸藩はこぞって政治参加を求めて上京した筈である。この一点だけでも幕薩間の緊張は全然解消されていなかったことが、明々白々であろう。

②次に教授は、「慶喜は自己批判と朝廷批判を行ない、政令二途から出ることを防ぐことが大政奉還の目的であり、朝幕二重政権の解消が眼目だった」としている。しかしこれもおかしい。

そもそも朝廷には自前の権力がない。二重政権など冷静に考えればある訳がないのだ。では朝廷は幕末になってから、何故に幕府と違う見解を発表することが出来るようになったのだろうか。それは以下のとおりだ。

まず幕藩体制という日本独特の政治制度の中で、雄藩は政治的発言をする場が公的には存在していない。だから朝廷を幕府が独占している時代はこのような矛盾はあり得なかっ加、しかし幕府の権威が衰えて雄藩の力が増大すると、雄藩は朝廷を介して政治に参口出しをするようになった。慶喜の言う二重政権の実態とはこれである。

だから慶喜は、雄藩が朝廷を介して政治に口出しするというイレギュラーなやり方ではなく、立法府・議会を創設してここで堂々と議論を戦わせて国事を決するのが合理的だと考えたのではないか。

要するに慶喜は、自前の権力を持たない朝廷批判などをしているのではなく、またそんな必要もなかった。むしろ慶喜は朝廷を世俗の政治から引き離したかったと推測する。つまり慶喜は、間接的にだが、雄藩の口出しが国政を乱すものとして憂いているだけだったと筆者は考える。

また教授は、大政奉還の上表で、慶喜が「政刑当を失ふこと不少」、「畢竟薄徳之所致、不堪慚愧候」と自己批判をしていると述べている。しかし、筆者は、大政奉還の上表という大決断を行なうに当たって、当時の武家の作法として、自己がまず謙譲の美徳の言葉を述べただけだと考えている。本来なら「英仏に習って議会を開設するのだ！」と言いたいところだが、そんなことを言えば当時の守旧派や頑迷な公家達に、「征夷大将軍が外国の真似をする！」と言って叩かれ、それを薩摩が政治利用するのが目に見えていた。だから慶喜はそんなことは言えなかったのであろう。

③王政復古のクーデターについて教授は、薩摩は慶喜の打倒を狙ったものではなく、成立する新政権での主導権の確保を目指したものだと述べているが、結論から言えばこれもおかしい。

何度も言っているが、兵庫開港宣言以来、薩摩討幕派は急速に慶喜打倒に傾いている。これは慶喜による兵庫開港の手法が強引だったことを大久保は非難しているし、多数の歴史家達もそれを理由として取り上げている。しかし根底にあるのはそんな手法の問題ではない。幕府による兵庫開港自体が薩摩にとっては死活問題となるからである。

最幕末になると幕府側と討幕派の対立は鮮明になってきた。どちらも日本近代化の道筋は同じだから結局はヘゲモニー争いなのである。兵庫開港がなされれば圧倒的に幕府が優位になる。薩摩はこれを阻止すべく討幕に動いたに過ぎない。また、平和裡に議政院が開設されれば、慶喜追い落としの機会は永久になくなる。だからクーデターをやったまでなのである。

更に教授は、辞官納地も慶喜にとって受け入れ可能だった！　などと述べているが、そもそも慶喜のみが納地する必要が一体どこにあるのか。公明正大な政権を発足させたいのなら島津七七万石をまず納地するのが当然ではないか？　こんな屁理屈はどう考えても通用しない。

要するに、討幕勢力の薩摩の大久保・西郷は、あくまでも日本近代化のヘゲモニー争いと慶喜追い落としに拘泥してクーデターを起こしたのである。教授が言うように公議政体派の薩摩が慶喜に接近したというのなら、クーデターなどやらずに土佐や越前と協力して議政院の開設に尽力すれば足りた筈である。

しかし大久保や西郷等は全くそんな動きはしていない。彼らは小松の行動を把握していたかもしれないが、それはそれとして横目で見ながら着々とクーデターの準備に取りかかっていたのである。この辺りは二股を掛けるのが得意の西郷ならではであろうか。彼はそもそも薩長同盟を結ぶ傍ら薩土同盟をも結んでいる。こういうやり方はお手の物だったのであろう。

だから教授が「薩摩討幕派は公議の理念に沿った」などというのはとんでもない話で、「薩摩は新政権の中で主導権を握りたかったに過ぎず、慶喜排除を考えていなかった」などという考え方には、筆者は微塵も賛成できない。薩摩は結局、公議政体だろうと王政復古だろうとそんなことは討幕の手段に過ぎず、慶喜排除のクーデターを当初のとおり敢行しただけなのである。

（三）小括

以上、この論文には疑問点が多い。それは教授が、明治政府の原点をこのクーデター政権に求めているからではないか。

第八章でも述べたが、このクーデター政権は一二月二四日の慶喜議定就任決定で公議政体派に押し切られており、クーデターはほぼ失敗しかかっていたのである。これを救ったのが鳥羽伏見の一発の銃声であることは以前に述べた。

この戦勝により「玉を担いだクーデター」などでは絶対に得られなかった圧倒的権力を確保した新政府側は、その時から本当の意味での「新政権」としてスタートしたのである。

つまり明治維新・明治政府の出発点・原点は王政復古のクーデターの時ではなく、鳥羽伏見の大勝利の時なのである。

大政奉還は、真に日本近代化の原点とも言える快挙であったが、慶喜の敗北によってそれが正面から評価されなくなってしまったのは残念至極である。

（四）随分教授を批判したので、ここで少し罪滅ぼしをしたい。教授は徳川慶喜の能力を高く評価し、何度も「さすがの慶喜も」と表現している。

また、この論文で示唆を受けたことがある。それを少し述べてみよう。大政奉還と将軍職の辞任を同時に出さなかったことについてであるが、この疑問について、教授は一一頁で明快な回答を提示している。即ち「麾下の不服を考えて見合わせたのである。大政の奉還と将軍辞任を同時になすことは幕臣の神経をあまりに逆なですると考えたのであろう」とである。これは、家近教授が、老中以下が反対したと記している（家近後掲一七八頁）のと一致する。この鋭い指摘で、長年の筆者の疑問が氷解した。

話は逸れるが、ほとんどの歴史家は慶喜に厳しい。しかも検証なしの無造作な非難をする者が多々いる。

一例を挙げてみよう。佐々木克氏だ。

（イ）彼は、小西志郎編『徳川慶喜のすべて』（新人物往来社）の中で、以下のように述べている。

つまるところ、将来の明確な構想や設計図がなくても「大政」を「奉還」する事は可能であったのだ。（中略）慶喜にとっての大政奉還とは、その程度のものだったと思う。つまり自分の政治生命や幕府の命運を左右するような〔大事件〕とは、当時は思っていなかったのではなかろうか。（一〇九頁）

これまで述べてきたように、彼の行動には一貫性がなかった．悪く言えば場当たり的でさえある。当面の危機は一時的に避ける事ができても、政権の維持・強化のための、展望・目標が明確でないのである。そしてまた、強力なリーダーシップの発揮を要求される立場にありながら、彼にはそれがなかった。（一二六頁）」

この人は徳川慶喜を嫌いなのであろう。好き嫌いはその人の自由だが、歴史家ならこのように根拠のない無造作な批判は慎むべきではあるまいか。

（ロ）続いて、彼の著書「幕末史」（筑摩新書）を見てみよう。ここにも以下のとおり奇妙なことが書いてある。

将軍になるまで、慶喜と四候は対等に話をしていた。しかし、今の慶喜は、将軍が特別のはからいで、大名でもない隠居に会って話を聞いてやる、といった態度だったのである。

これでは以前のような率直な意見交換はできない。(二四五頁)」

おかしな記述である。身分制度の厳しい江戸時代に将軍と諸侯が対等の訳がないだろう。しかも資料を見ても、慶喜が上から目線で四侯に接したとは到底思えない。自ら食事の接待をして、写真まで撮らせていて、何とか四候(特に久光)を懐柔しようとした情景さえ浮かんでくる。

(八)更に京都大学の論文「大政奉還と討幕密勅」(人文学報第八〇号)に至っては、もっと凄い。曰く。

しかし慶喜=幕府が、大条理の基本精神を受け入れることを、特に将軍職の廃止をあくまで拒否した場合は、武力を発動してでも実現を迫る。ここに到って大条理という公論、正義を無視して、反正の実を示さない慶喜=幕府は討たれるべき存在となる。(二

一頁）

この間、二四日に慶喜は将軍職の辞表を朝廷に提出した。（中略）これまでの局面から判断して、慶喜の将軍職辞退が、大政奉還の上表と同時か、近い日であったなら、あるいは状況が変わることがあったかもしれない。しかし流れを変えることは最早不可能であった。（三〇頁）

以上、佐々木氏のこの論文を読むと、安手の勧善懲悪時代劇の脚本を読まされている気がしてくるのは筆者だけであろうか。佐々木氏によれば討幕派イコール善、慶喜イコール悪と言っているようで、彼の言はまさに西郷・大久保の代弁者そのもの、驚く以外ない。彼は、西郷・大久保に何か縁のある人か？　とさえ思ってしまう。

戦後しばらくの間、マルクス主義の歴史家達が、歴史を全て「階級闘争」として一元的説明をしようとしていた。佐々木氏の手法は、討幕派＝善玉、慶喜＝悪玉の二元化だから、これに似ているとさえ言えよう。

慶喜を批判する者は、かなり有名な歴史家でもこのように無造作に行なう者が案外多い。嘆かわしい限りである。

さすがに高橋教授はこの手の人達とは大いに違って、慶喜を高く評価している。ただ惜しむらくは、どうしてもクーデター政権側の目線で慶喜の行動を観察しているので、慶喜に関する記述がやや物足りないのは止むを得まい。

更に言えば、高橋教授の二つの論文に共通することは、京都の情勢を克明に照らし出していることには感服するほかないが、彼は、欧米列強（特に英仏）の東アジア政策には一言の言及もない。また幕薩対立の原点である兵庫開港に関する諸問題についても、何ら触れていない。これらは非常に惜しまれる。教授にその視点がなかった訳ではなかろうが、これらを研究する前に急逝されたのであろうか？　もう少し生きておられたら、これらの点についても明快な回答を用意されたに相違ない。

3　大坂城脱出について

さて、ここでは（慶喜に成り代わり）大坂城脱出の弁明を少ししたい。慶喜の俗評を決定的に悪くしているのがこの大坂城脱出事件だ。無責任、臆病、最高司令官自らの敵前逃亡など、ありとあらゆる非難・中傷・悪口雑言が慶喜の頭上に浴びせられている。果たしてそうであろうか？

以下、第八章と少し重なるが再度述べてみたい。開戦三日目の一月六日の時点で、京都奪回は、ほぼ不可能な状況にあった。藤堂・淀などの譜代・親藩が次々と反旗を翻していたからである。要するに、固唾を呑んで日和見していた諸藩が、「ここを潮時」と、雪崩を打ってクーデター側に参加したのである。そうなると、慶喜に出来ることは大坂城に立て籠もって抵抗することだけであった。

しかしそんな選択が妥当だったであろうか？　答えは否である。確かに大坂城に立て籠もれば、クーデター側は攻めあぐねることは必定であった。しかしそんなことをすれば、内戦になり、慶喜の最も恐れる外国の干渉を招くではないか。慶喜はその一点のためにこれまでありとあらゆる事に耐えてきた。この期に及んで諸外国の干渉を招いたら、何のために今まで我慢苦労をしてきたのか全く無意味になってしまう。慶喜には戦（いくさ）を止める以外に選択肢はなかったのである。

ではどうやって戦を止めるのか。戦争というものは、これを始める時は皆威勢が良いが、敗戦を認めて降伏終了するのは至難の業である。なぜなら、意地、見栄、楽観論、戦後処理の恐怖等々様々な障害が噴出してくる。だから簡単には止められない。

そもそもこの戦は慶喜が望んで始めたものではない。薩摩の卑劣な挑発に幕臣達が乗せられて始まった戦である。幕臣達は勝手に始めた戦でしかも負けてしまったので引っ込みが付かなくなってしまった。そこで慶喜を引っ張り出そうとしたのである。まずもって迷惑な話だ。では戦を止めたい慶喜はどうすれば良いか？　主戦派を説得するか？　しかし勝手に戦を始めた幕臣達だ。慶喜の説諭で止める筈もなかろう。

例えは悪いが、太平洋戦争終結の時と状況がやや似ている。この戦争を終わらせたのは天皇陛下だ。御前会議でも誰も降伏を言い出せない。対米戦争を遂行したのだから尚更ハードルが高い。ありとあらゆる事が降伏の悪しき障害となる。言い出した者は殺されかねない。だから昭和天皇は自ら降伏の宣言をなされたのだ。「神聖にして侵すべからざる天皇陛下」のお言葉には誰もが従わなければならない。まさにご聖断であった。

しからば慶喜はどうか？　慶喜は神ではない。しかも武家の棟梁である。家臣に「戦を！」と縋られたら、それを断ることは出来まい。説諭で分かる連中ではない。下手をすると殺されるであろう。殺されて済むならそれでも良いが、慶喜が殺されれば更に収拾が付かなくなる。ならばどうするか？　答えは一つだ。その場から逃げるしかないのだ。

だから筆者は、慶喜の大坂城脱出は必然だった！　と理解している。またこのような選択をしなければならなかった慶喜を誠に気の毒に思う。そして無責任な主戦論者達を糾弾したい。

更に何よりも、慶喜の大坂城脱出を非難する歴史家には、是非その代案を提示してもらいたいものだ。あろう筈もないが。

慶喜公はやはり、「下手な言い訳はよせ！」と仰せになるだろうか？

4　鳥羽伏見で慶喜が勝利していたら、戦後処理はどうなったか？

歴史に「もし」はないが、少し位は許されるだろう。

もし慶喜が鳥羽伏見で勝利したら、いくつかの解決すべき問題が浮上するのは当然だ。まず王政復古政府を認めるのか？　それとも王政復古政府なるものを完全否認して、一二月九日以前の状態に戻すのか？　この選択はかなり難しい。慶喜は大坂城に拠ってからこのクーデター政権を否認する声明を出していたし、かなり怒っていた。一方、慶応三年一二月末の段階で、容堂・春嶽らの奮闘でクーデター政権への議定就任、つまり割り込みが決まっていた。だからこの判断は難しいところである。春嶽・容堂等と協議を行なってその結論を出すことになろう。

ただいずれにしても、岩倉、中御門、正親町、中山等の反慶喜派の公家達は一掃され、天皇政府の組織を大改革したうえで、改めて天皇の名で諸藩に上京を命じ、議政院を開くことになろう。こうなると日和見していた諸藩は上京するほかはない。

では薩摩、長州の処分はどうなるであろうか。

まず薩摩であるが、元来薩摩は藩の内部で、公議政体派と討幕派が拮抗していた。しかし鳥羽伏見の敗戦が決まれば、討幕派は一掃され、小松等の公議政体派が藩を掌握することになろう。慶喜に詫びを入れ、討幕派の西郷・大久保等を極刑に処して一応決着するのではないか。

慶喜も薩摩が議会に参加しないのは政局安定の観点から決して望ましくないので、薩摩に妥協するのではなかろうか。島津久光との関係も復活するかもしれない。

問題は長州である。長州は、蛤御門の変以来、藩を挙げて、反幕→倒幕→討幕を貫いてきた。その一貫性はむしろ「痛快」というべきではないか。また、長州は常に軍事力を培養し続けており、慶喜にとっても強敵そのものであった。

慶喜はまず、責任者の処分と第二次長州征伐で長州が分捕り占領している領地の返還を求めるだろう。

長州は、占領地の返還には渋々応じても、責任者の処分は拒否するかもしれない。そうなったら慶喜は開戦を覚悟するほかない。ただ今までと違って長州を取り巻く環境は急速に悪化して、孤立状況になるだろう。何故なら、薩摩は慶喜と和解しているので、長州に手を貸せない。そうなるとグラバーも、薩摩の船で下関に武器を運搬することが出来なくなる。何よりも、武器運搬を生業とする坂本龍馬も既にいない。

下関は慶応元年の頃から密貿易の巣窟で、西洋商人達はここに群がって大いに儲けていた。しかし、である。「兵庫開港・大坂開市」によって正規の貿易が堂々と出来るようになれば、そんな危険を冒して下関でこそこそ物品を売り買いする必要など全くなくなる。兵庫の貿易は大いに栄え、ここを管理する徳川勢力は大いに潤う。下関の価値は大幅に下落してしまうのだ。また慶喜は長州と戦う前に、長州非難の議政院決議を求め、更に勅命まで奉ずるかもしれない。つまり、長州は再び朝敵となってしまうのである。

また、戦になった場合でも、慶喜は大敵の奇兵隊と正面から対峙して陸戦をする必要は全くない。開陽丸以下の無敵海軍を長州沿岸に差し向け、激烈な艦砲射撃を繰り返せば足りるからだ。さすがの精強長州もこれには対抗策がない。

この段階に至って初めて長州は、慶喜に全面降伏するのではなかろうか？　ここまで行くと詫びを入れて占領地を返還するだけでは済むまい。領地そのものを削がれるかもしれない。しかし、全ての藩の国会への参加を目指す慶喜は「良い加減で」妥協するのではなかろうか。

こうして薩摩・長州の問題を解決した慶喜は、以前より遥かに安定した政権運用が可能となり、国会にて世論を形成・立法しつつ、懸案事項を巧みに解決し、いよいよ郡県制への道に乗り出すのではないか。

つまり「最後の将軍にして最初の立憲開明君主」としての不滅の業績を、近代日本に刻んだのではなかろうか？

5、結び

明治維新の完成点が大日本帝国憲法の成立による神権天皇制の確立だとすれば、明治維新の終焉は太平洋戦争の敗戦による新憲法制定と天皇陛下の人間宣言であろう。そして、仮に徳川慶喜が鳥羽伏見の戦いで勝利していれば、近代日本は別の道を歩んでいたかもしれない。

体制が危機に瀕した時、その責任者はどのように行動したか？　歴史に興味のある者なら皆大きな関心を持つ。徳川慶喜は、開府以来ともいうべき幕府の危機を救える能力・見識・実行力を持った唯一の男であった。彼は本来、十四代将軍に相応しかった。もし彼がその時点で将軍になり、関東の政令を一新して行財政改革を断行していれば、幕府は立ち直っていたかもしれない。

しかし、当時の幕府の主流は守旧派であった。彼らは無難な家茂を十四代将軍に立て、改革派の弾圧を行ない、改革の芽を摘み取ってしまった。そして、桜田門外の変以降自信を失った幕府は、何ら定見のないまま貴重な時間を費やし、藩政改革を行なって実力を蓄えた薩摩・長州を中心とする西国雄藩の飛躍を許してしまった。

将軍に就任した慶喜は慶応三年、ようやく幕政改革に着手したが、この時点で幕府は既に腐りかけており、慶喜をもってしても如何ともし難かった。その意味で慶喜は最後の将軍というより、むしろ遅れてきた将軍と言うべきであろう。

翻って考えると、日本の国難は有史以来三回あったと筆者は認識している。初めは大陸に隋・唐大帝国が出現したことによる対応を迫られたことである。このとき日本は大化の改新を断行し、律令国家に脱皮して、その危機を切り抜けた。次がペリーショック以来の欧米帝国主義列強によるアジア進出への対応を迫られたことであり、最後が、言わずと知れた太平洋戦争の敗戦である。

この拙書で扱ったのは二番目の国難である。ペリーが来て幕府が自己変革を迫られたとき、幕府は初めて「内なる天皇制」の問題に気付き、その対応を余儀なくされた。従来どおり幕府が天皇を取り込んでいればまだよかった。しかし天皇は幕府から離れ、しかも幕府を相対化する方向にのみ作用した。

開府以来、天皇の至高の権威を温存してきた幕府は、今度は天皇の権威に拘束されることになったのである。以来政局の中心は江戸を離れ、明治維新まで京都であり続けた。幕府はこの状況を克服・転換することが出来なかった。何よりも慶喜自身が天皇の権威の中に自己の政治的活躍の場を見出していたのである。

これは幕府本来の立場からすれば自己矛盾そのものであり、本来彼が望んだものでもなかったろうが、幕府が慶喜の立ち位置を誤ったことが原因であり、慶喜にしてみれば止むを得ざることであった。要するに慶喜本来の活躍の場が与えられていなかったのである。慶喜は京都で将軍に就任し、京都で辞任した。征夷大将軍が既に京都を離れられない状況だったのである。

大政奉還はある意味でこうした状況から脱却する好機でもあった。天皇の権威を離れ、慶喜が自ら行政府の長として日本国の代表者になる絶好の機会でもあった。しかし、慶喜は幕府部内の守旧派に足を引っ張られ、しかも薩摩の陰謀に対抗することが出来ず、結局敗退した。

最後の将軍にして最初の立憲開明君主たらんとする慶喜の壮大且つ高邁な野心は、実現することなく終わった。

近年明治維新が再評価されている。これも何年かに一度のサイクルでやってくることではあるが、最近の評価のポイントは犠牲者が少なかったということである。どの国も近代化のための生みの苦しみを経験する。フランス革命はざっと二百万人死んでいる。これに引き換え明治維新の犠牲者は三万人以下で、近代化を成し遂げた国では極端に少ない。犠牲者の数が少なかったということで評価するなら、徳川慶喜はもっと見直されてもよいのではないか。

幕府は日本を近代化するに当たって、「内なる天皇制と幕府」という統治の二重構造に気付いたと先述したが、結局慶喜は幕府の幕を降ろし、天皇にその大権の全てを譲ることによって近代化に貢献したと言えよう。筆者はこの意味で慶喜は完璧な敗者と認識している。敗者だから人気はない。しかし偉大な敗者と言えるのではなかろうか。

思えば同時代の清国は欧米列強が進出してきた時、内なる異民族支配（満州族による漢民族支配）という解決不能の矛盾に直面した。このために中国は長く欧米列強の浸食するところとなったのである。日本には幸いこのような解決不能な国内矛盾は存在しなかった。近代化を巡る薩摩とのヘゲモニー争いで一敗地に塗れた慶喜は潔く天皇大権を認め、一切の軍事的抵抗をすることなく敗北宣言をして謹慎した。維新の犠牲者の数が少なかったのはこのためである。

自己顕示欲の強い勝は、「江戸城無血開城は自分と西郷の二人でやった」と言いふらしている。他方、慶喜はこの件についても生涯沈黙を守り、一言も発していない。筆者は、このような慶喜の生き方について、俗凡には到底出来る仕業ではないといつも感心いや感動さえしている。

筆者が徳川慶喜に関心を持ったのはその長寿の故であった。古今東西を問わず、長期の王朝が滅びる時、その最高責任者は必ず死ぬものである。自決か戦死か捕えられての斬首である。徳川幕府は二六七年に亘って日本に君臨した超安定武家政権であり、翻って頼朝から数えれば七〇〇年続いた武家政治の幕を閉じるのである。普通に考えれば無事で済む訳がない。しかし彼は大正二年まで長生きをし、七七才の天寿を全うしている。筆者は、慶喜が死ななかった、いや死なずに済んだのは二つの理由以外ないと考えた。

一つは人畜無害の凡人で、生かしておいても何ら問題がない男、二つ目は非常に賢くて、勝者が彼を殺そうとしてもそれが出来なかったから、この二つのいずれかしかないと仮定した。しかし、少し調べれば第一の線はすぐ消えてしまう。そこでよほど賢かったであろう慶喜とはどんな人物だったのか？　というのが彼への興味のきっかけである。

また筆者は以前から、幕府側からの日本近代化の動き（具体的には小栗らの親仏幕権派の政策）に興味があった。敗者のやったことは、不当に扱われることが多いからである。その意味でも慶喜の動向に興味を持ってはいたのである。やはり想像通り、いや想像を絶する賢い人であった。

以前、歴史家のアンケートで歴史上の人物の誰になりたいか？　の投票があり、乾隆帝が首位であった。確かに乾隆帝は空前絶後の皇帝だ。十度の征服事業をしたことから自ら十全老人を名乗り、文化人として現在の故宮博物院の原型を作り、六〇年皇帝として君臨し、九〇歳まで長生きしている。完璧な生涯かもしれない。

しかし、筆者はこのような神に近い人は畏れ多くて近づく気にもなれない。誰も乾隆帝の心境など分かるまい。では、大ファンの慶喜公はどうか？　やはりこんな気苦労も真っ平御免だ。一分でも堪えられない。しかし、慶喜公の不動産登録係にはなってみたい。今の仕事とほぼ同じだし、日々慶喜公に接して彼の奮闘ぶりを間近に拝見出来るからである。

泉下の慶喜公は、筆者が自分のファンだと偶然にも知ってくれたら、多分こう言うだろう。「わしなどに興味があるとはそなたも変わった男よのう。しかしよく調べたのう。感心しておるよ」と。筆者は平蜘蛛のようにひれ伏して恐懼感激し、感涙に咽ぶに違いない。

以上、この拙書は日本近代化のために孤軍奮闘した徳川慶喜公への大いなる尊敬と愛惜の念を込めて執筆したものである。この拙書を読んでくれた人が一人でも多く、「ああ慶喜さんは偉大な人だったんだな」と理解していただければこの拙書の意図は成功であり、筆者は望外の幸せである。

最後に、拙書の執筆に当たっては学生時代からの友人である高橋克己氏に校正等のアドバイスをしてもらった。正しい日本語の使い方を教示して頂いただけでなく、博覧強記の彼には本書の内容についても貴重な助言を頂いた。この場にて礼を言いたい。

また本書の出版については、司法書士協同組合理事長の芳村健氏が湘南社を紹介して下さった。厚く礼を言いたい。また理解ある出版をして下さった湘南社の田中社長にも礼を言いたい。

二〇一九年一月　筆者記す

参考文献等（第九章を設けたことにより、参考文献も若干増えております）

一、著作

「歴史読本」特集　最後の将軍徳川慶喜（昭和五四年四月号　新人物往来社）

この雑誌こそ筆者を徳川慶喜に誘った（いざなった）記念すべき一冊だ。興味深い記事満載でしかも巻頭の写真に仰天した。何しろ慶喜が近代的な顔立ちの二枚目だったからだ。松浦玲氏の論文が素晴らしく、比屋根かをる女史の短い文章も慶喜ファンであることが切々と伝わった。また、何よりも後で紹介する河合重子女史はここで初めて執筆したということが、彼女が監修した「微笑む慶喜」の監修者紹介欄で語られているが、私はその文章を明確に覚えていてこの拙書にも引用させてもらっている。何か運命を感じるほどだ。

松浦玲『徳川慶喜』（中公新書）

筆者の慶喜論はこの著書の影響大だ。コンパクトにまとまっていて分かりやすい。ただ紙面の関係か、王政復古以降の記述がやや手薄く、残念だ。

石井孝『増訂明治維新の国際的環境』（吉川弘文館）

不朽の名著である。慶喜が大坂城でパークスを謁見するシーンなどは、何度読んでも感激で涙が出てしまうほどだ。

石井孝『明治維新の舞台裏』（岩波新書）

国際関係に視野を広げたコンパクトな名著だ。筆者はこれを読み過ぎてボロボロになってしまった。岩波書店に在庫を尋ねたら「なし」、「再版の予定もなし」の回答だった。

石井孝『幕末悲運の人びと』（有隣新書）

志敗れた悲運の人々四人、岩瀬忠震、孝明天皇、徳川慶喜、小栗忠順を簡潔に扱っている。石井博士は、慶喜が徳川絶対主義をやろうとしたことに確信があるらしく、鳥羽伏見の戦いもその線で押している。しかし慶喜にそれほどの執念があったのかは推測しかねる。また鳥羽伏見の戦いは日本戦争史上、（幕府側の）最も杜撰な作戦であったので、博士の主張にはこの点では若干の違和感を覚える。

家近良樹『徳川慶喜』（吉川弘文館）

　筆者の資料はやや古いものが多かった。この著作は最近の研究の成果を取り入れており、特に慶喜が将軍に就任する直前の行動など、筆者はこの著書で初めて知った。ただ、慶喜が鳥羽伏見で負けたのは尊皇精神のせいだ、などと白ける記述も多い。

野口武彦『慶喜のカリスマ』（講談社）

　これも比較的新しい、ユニークな著書である。

野口武彦『鳥羽伏見の戦い』（中公新書）

　この戦をまるで観戦しているような、臨場感に溢れた著書である。幕府側の無策がひたすら浮き彫りにされて、消化不良を起こしてしまうほどだ。

河合重子『謎解き徳川慶喜』（草思社）

　事実関係を丹念に調べてあり、大いに参考になった。何よりも慶喜に対する愛情一杯の著書である。尚、女史が歴史読本に掲載した西周からフランス語を習うくだりは拙書の第六章で引用させていただいた。

井上勝生『開国と幕末変革』（講談社　日本の歴史18）

最新の幕末歴史研究の水準を示している。

町田明昭広『グローバル幕末史』（草思社）

幕末の武器購入事情などを記述しており参考になった。また薩摩藩士の意識の高さを痛感した。

佐藤泰史『あの世からの徳川慶喜の反論』（東洋出版）

この著者、公安調査庁に勤務していた経歴からか、徹底的に事実関係の整理に終始している。薩摩藩江戸屋敷焼き討ちの知らせが大坂城に届いたのは、通説の慶応三年一二月二八日ではなくて三〇日だということを客観的に論証しているが、筆者もこれに与するものである。

井上勲『王政復古』（中公新書）

一二月九日のクーデターに到るまでの過程を日々克明に刻んでいる。ただ結語で王政復古の宣言は近代日本の出生証だとしているが、第八章でも述べたとおり、筆者はこれには全然与していない。

芝原拓自『世界史の中の明治維新』（岩波新書）

佐々木克『戊辰戦争』（中公新書）

佐々木克『幕末史』（ちくま新書）

第九章で批判したとおりである。

毛利敏彦『大久保利通』（中公新書）

大久保利謙『岩倉具視』（中公新書）

馬場宏二『神長倉真民論』（開成出版）

在野の学者にスポットを当てたものだ。対仏借款についての言及があり、興味深い。

比屋根かをる『将軍東京へ帰る』（新人物往来社）

フィクションで、身近に仕えた老女須賀の名を借りて、引退後の生活を中心に描いている。しかし、慶喜の心情を、まさに痒い所に手が届くほど描いている。事実関係の確認も正確で、女史が慶喜ファンであることが切々と伝わってくる。

小西四郎編『徳川慶喜のすべて』（新人物往来社）

目新しい内容はあまりないが、第九章で述べたとおり、佐々木克氏の慶喜批判がおかしい。

二、論文

高橋秀直「公議政体派と薩摩討幕派　王政復古クーデター再考」（京都大学）

第六章で紹介したが、この論文に接した時は感激以外なかった。石井博士の「明治維新の国際的環境」以来の幕末維新史の新たなページを飾る傑作論文そのものではなかろうか。筆者が多年疑問に思っていたことがほぼ氷解した。また幕末世論をリードした「公議世論」と「天皇原理」という考え方も分かり易い。クーデター政権内部で、必ずしも討幕派の主張の通りではなく、公議政体派が巻き返しをしていたことも興味深い。また岩倉が容堂を叱責したという逸話はのちの虚構だというのも面白い。

髙橋秀直　「王政復古への政治過程」（京都大学）

第九章で批判してしまったが、この論文、京都で刻々と生起する薩摩と土佐、更には慶喜の動向を、まるで見ているかのように活写している。敬服するほかない。

松岡八郎　「幕末期における西周の憲法理論」（法政大学・東洋法学）

佐々木克　「大政奉還と討幕密勅」（京都大学・人文學報）

第九章でも少し述べたが、筆者には理解不能の論文だ。

柴田三千雄・柴田朝子「幕末におけるフランスの対日政策『フランス輸出入会社の設立計画をめぐって』」

対仏借款の構造を知りたくて、国立国会図書館に登録までして入手した論文だが、結局大したことは分からなかった。この件は、フランス側のソシエテ・ジェネラルが議事録を開示してくればかなり解明される筈だが、全くその意思はないらしい。

三、資料等（第一次資料、第二次資料）

渋沢栄一編『徳川慶喜公回想談　昔夢会筆記』（平凡社東洋文庫）

明治になって、慶喜が当時の一流歴史学者の質問に答えるという形式で何度か催された会である。賢い慶喜は核心の部分になると、とぼけたり沈黙したりして語らない。いかに優秀な歴史家達も、まさに歴史の生き証人・前征夷大将軍には聞き出せないことが多かったに違いない。

松戸市教育委員会編『徳川昭武滞欧日記』（山川出版社）

第五章でも紹介したが、将軍慶喜から弟昭武への二通の手紙が披露されている。

日本史籍協会叢書『川勝家文書』（東京大学出版會）

高橋敏『小栗日記を読む』（岩波書店）

この書籍を購入した最大の収穫は第四章でも指摘したが、慶応三年七月一八日にロンドンから向山一履が小栗に宛てて電報を打ったことが記載されていたことだ。また、幕府は最幕末になると、江戸と京都でいわば二つの政権を維持しており、その意思疎通が困難であったことが、この日記から浮き彫りにされる。やはり慶喜は京都で宮廷工作に明け暮れるのではなく、一日も早く関東に帰り、この地で行財政改革を徹底して行ない、鉄壁の体制を築いた方が良かったのではなかろうか？　などと考えてしまう。

四、その他

戸張裕子　河合重子（監修）『微笑む慶喜』（草思社）

主に隠居後の慶喜の写真集とその解説である。一枚だけ微笑んでいる写真がある。こういう慶喜に接すると筆者も無性に嬉しくなる。

五、最後に、松戸市の戸定歴史館のホームページには大変お世話になった。将軍職時代の慶喜の写真の出所も分かったし、興味深い記事満載である。ぜひ一度訪問してみたい。

増補改訂版　あとがき

歴史上の人物の評伝を書く際、最も大切なことは何か？　それは言うまでもなく事実に忠実なことである。小説ではないのだ。事実を外すことは許されない。しかし事実を淡々と述べるだけならそれは単なる記録に過ぎない。書いた物に血が通い、読む人に納得してもらわなければ意味がない。ではどうすれば血が通うのか？

やはりその人物の立場に立って、「一緒に悩み、時には一緒に喜ぶ」ことではなかろうか？

勿論、慶喜公は（拙書の）タイトルの通り「苦悩」の方が多かったであろうが。

だから、いくら客観的に書いてもその人を好きにならないと血が通った物は書けないのではないか。筆者は事実を外さないようにしたつもりである。しかしそれだけでは何も書けないし、何よりも書くエネルギーが生まれて来ない。

筆者は素人なのでプロの学者の手法は知らない。しかし慶喜ファンであることは誰にも負けないつもりである。その情熱が読んで下さった人に伝われば、この拙書の目的は達成だ。

一点だけ言い訳をしたい。この拙書は、初めから構想を練って一気に書いたものではない。二〇一五年の二月からブログにて発表を始めたものだ。二〇一八年の夏になり、丁度半分位、即ち、大政奉還直前辺りまで進んだ頃に出版を思い立った。だから、前半の部分(特に序論)と後半の部分とで、記述に若干の矛盾が生じている。これは止むを得ないことだ。縁あって拙書を手にして下さった読者の方々は、この矛盾をむしろ、「筆者が書き乍ら進化した」と善解し、笑読して頂きたい。

初版の執筆後記にも記したが、この増補改訂版を偶然にも慶喜公が手に取ってくれたら多分こう仰せになるだろう。「しかし、松原とやら、余程ワシの事を好いておるのじゃノウ。嬉しく思うぞ。」とである。

平伏した筆者は、額を畳に擦りつけてそのまま感涙に咽びつつ気絶してしまうかもしれない。

この増補改訂版も旧友の髙橋克己氏に校正を依頼し、快諾を得た。改めて厚くお礼を述べたい。

また湘南社の田中社長にもお礼申し上げる。

番外編　慶喜公拝謁の夢

ある初夏の清々しい日、慶喜公からお召しがあった。筆者は、礼服を新調して拝謁の栄に浴する事になった。その日、三崎名物のマグロ、そして三浦特産のスイカ、メロン、カボチャをリヤカーに満載して、第六天町の屋敷に伺った。

一二畳二間の畳部屋に続く広縁に通された。額を床に擦りつけていると、慶喜公がお出ましになった。勿論平伏しているのでお顔は拝顔できない。

慶喜公が筆者に声を掛けて下さった。よく通る美声であった。「松原隆文近う参れ！」とである。筆者は緊張して声も出ない。

「どうした、こちらに来ぬか」

「ハアアアア」というのが精一杯である。しかし、何とか膝行して近くまで進む。

「顔を見せよ」

「ヘエエエ」

「顔を見せよというのじゃ」

これ以上、下を向いていたら却って失礼と思い、恐る恐る顔を上げた。写真で見たとおりの端正なお顔だが、間近に寄ると、更に威厳のある辺りを払う品格があった。

「沢山の手土産を持ってきてくれたそうじゃノウ。また家令達に心付けまで済まぬノウ。ワシは鮪が大好きでノウ、夏なので西瓜や真桑瓜も美味しいノウ！」

「ハアアア」（この感激のまま失神したいと思った！）

「せっかくここまで来たのじゃ。何を聞いても良いぞ。但し、一つだけじゃ」

筆者が一瞬頭をよぎったのは、パークス謁見の時の意気込みや大政奉還の際の心境、クーデターをやられた時の悔しさ、鳥羽伏見の敗戦時の無念等々である。しかし、筆者は意外なことを口走ってしまった。

「あの上様は」

「その『上様』は止めよ！」

「はい、では御前（ごぜん）はどのような女性がお好きでしょうか？」とである。

慶喜公はにこやかに即答した。

「そうよのう。まあ女優なら若尾文子のようなおなご（女子）かのう。幾つになっても典雅にして可愛らしい。」

「えっ！」筆者は思わず顔を上げて、慶喜公の顔を見てしまった。慶喜公もこちらを見て微笑んだ。

アっ女性の好みも筆者と一緒だったか！

その後、慶喜公は、筆者を気に入って下さったようで、「昼餉を食べていけ」と仰せになった。再三固辞したが、家令が「御前の希望である！」というので、ご相伴にあずかった（この間の至福のひとときは、別の場所にて披瀝するつもりだ）。

楽しい時間があっという間に過ぎ、日が傾きつつある四時頃お暇《いとま》することとした。

すると慶喜公は、「何か欲しいものはないか？」と仰せになった。腰を抜かしそうになって戸惑っていると、

「遠慮は要らぬぞ」と仰せになった。

黙っていては失礼なので、「誠に僭越ですが」

「何を僭越なことがあろう。何でも申せ」

「はあああ、では上様の書を頂きたく存じます」

「何、ワシの書か？」

「はい、家宝に致します」

「良かろう」

お暇するときに、慶喜公の書を家令から渡された。そこには「**真心**」と書かれてあった。見事な書であった。筆者の最良の一日だった。

（了）

著者プロフィール

松原隆文 まつばらたかふみ

昭和 26 年、三浦市に生まれる
県立横須賀高校、中央大学法学部法律学科卒業
平成元年 10 月、司法書士を開業し、今日に至る
平成 15 年 6 月より、三浦市固定資産評価審査委員

著書 『最後の将軍徳川慶喜の苦悩』（2019 年 湘南社）

『【増補改訂版】最後の将軍徳川慶喜の苦悩』

発 行 2021 年 6 月 21 日 第一版発行
著 者 松原隆文
発行者 田中康俊
発行所 株式会社 湘南社 http://shonansya.com
神奈川県藤沢市片瀬海岸 3 − 24 − 10 − 108
TEL 0466 − 26 − 0068
発売所 株式会社 星雲社（共同出版社・流通責任出版社）
東京都文京区水道 1 − 3 − 30
TEL 03 − 3868 − 3275
印刷所 モリモト印刷株式会社

ISBN978-4-434-29097-8 C0021